SYNCHRONISMES CLASSIQUES

OU

TABLEAUX HISTORIQUES

présentant la succession des événemens dans tous les pays, siècle par siècle, année par année,

A L'USAGE

DES ASPIRANTS AU BACCALAURÉAT ÈS-LETTRES,

DES PERSONNES QUI SE PRÉPARENT AUX EXAMENS DE LA SORBONNE ET DE L'HOTEL-DE-VILLE ;

OUVRAGE RÉDIGÉ SUR UN NOUVEAU PLAN,

PAR M. POTIER,

Licencié ès-lettres, Professeur d'Histoire au Collège municipal Chaptal.

Ire Partie.

TEMPS ANCIENS JUSQU'A L'ÈRE CHRÉTIENNE.

A PARIS,

CHEZ TRUCHY, BOULEVARD DES ITALIENS, 18.

L. HACHETTE, RUE PIERRE-SARRAZIN, 12 ;

JULES DELALAIN, RUE DES MATHURINS-SAINT-JACQUES, 5 ;

1851.

SYNCHRONISMES CLASSIQUES

OU

TABLEAUX HISTORIQUES

Présentant la succession des événements dans tous les pays, siècle par siècle, année par année,

A L'USAGE

DES ASPIRANTS AU BACCALAURÉAT ÈS-LETTRES,
ET DES PERSONNES QUI SE PRÉPARENT AUX EXAMENS DE LA SORBONNE ET DE L'HOTEL-DE-VILLE;

OUVRAGE RÉDIGÉ SUR UN NOUVEAU PLAN,

PAR M. POTIER,

Licencié ès-lettres, Professeur d'Histoire au Collége municipal Chaptal.

1re Partie.

TEMPS ANCIENS JUSQU'A L'ÈRE CHRÉTIENNE.

A PARIS,

CHEZ TRUCHY, BOULEVARD DES ITALIENS, 18;
L. HACHETTE, RUE PIERRE-SARRAZIN, 12;
JULES DELALAIN, RUE DES MATHURINS-SAINT-JACQUES, 5.

1851.

PARIS. — IMPRIMERIE FÉLIX MALTESTE ET CIE,
RUE DES DEUX-PORTES SAINT-SAUVEUR, 22.

AVERTISSEMENT.

Nous ne croyons pas avoir à démontrer l'utilité des Synchronismes. Quel est le peuple dont l'Histoire ne se complète et souvent ne s'explique par celle des peuples voisins? C'est pour faciliter cette étude que depuis longtemps d'habiles professeurs ont rédigé des tableaux présentant le résumé des faits contemporains, et le nombre des ouvrages de ce genre témoigne assez de l'importance d'un pareil travail. Et cependant la plupart sont relégués dans les bibliothèques, quand ils devraient pour ainsi dire être le manuel de nos élèves.

Peut-être ne doivent-ils cette exclusion qu'à leur format généralement incommode. Nous avons pensé qu'il était facile d'éviter cet inconvénient, et de conserver à ce genre d'ouvrage toute son utilité pratique en le réduisant à des proportions qui en facilitent l'emploi.

Comme nos prédécesseurs, nous avons voulu tracer un cadre général qui laissât constamment sous les yeux des élèves la série des faits historiques ; de plus nous les avons mis les uns en regard des autres, non seulement par siècles, mais encore années par années, de sorte qu'un coup d'œil embrasse facilement les annales continues de tous les pays.

Nos tableaux permettent, si l'on étudie l'Histoire générale, de saisir immédiatement les rapports qui existent entre les différents peuples, et, si l'on étudie une histoire particulière, de reporter en même temps les yeux et l'esprit sur les événements contemporains.

L'œil habitué à retrouver toujours les mêmes faits à la même place, les transmet bientôt à la mémoire et les y grave d'une manière ineffaçable.

Nous avons donné à nos Synchronismes l'épithète de *classiques*, pour indiquer que nous nous étions renfermé dans le cercle des études historiques, telles qu'on les enseigne dans les colléges, études dont ils sont en quelque sorte le résumé.

DISPOSITION DES TABLEAUX.

Les Siècles sont divisés en quatre parties, chacune de 25 ans, de sorte qu'un Siècle occupe quatre pages.

Les chiffres placés à gauche désignent l'année avant l'Ère Chrétienne; le Siècle auquel appartiennent les années est indiqué au haut de chaque page.

Suivant que les premiers Siècles présentent plus ou moins de matériaux, nous avons renfermé dans les premières pages un seul Siècle ou plusieurs, jusqu'à la page 12, où commence la division par 25 années.

Nous n'avons pas cru devoir resserrer l'espace consacré à l'Histoire Sainte, à cause de son importance, malgré le petit nombre de faits connus dans les autres pays. Nous avons voulu donner une idée exacte des temps où les événements se sont passés.

SYNCHRONISMES DE L'HISTOIRE

JUSQU'A L'ÈRE CHRÉTIENNE.

Division de l'Histoire Sainte en six âges.

1er âge du monde, depuis la Création	jusqu'au Déluge	de 4963 à 3308	(espace de 1655 ans).
2me âge	jusqu'à la Vocation d'Abraham	de 3308 à 2296	(espace de 1012 ans).
3me âge	jusqu'à la mort de Moïse	de 2296 à 1605	(espace de 691 ans).
4me âge	jusqu'à l'établissement de la royauté	de 1605 à 1080	(espace de 525 ans).
5me âge	jusqu'à la fin de la captivité	de 1080 à 536	(espace de 544 ans).
6me âge	jusqu'à l'ère chrétienne.		

Lme Siècle.

4963. — Création du monde. — ADAM et ÈVE placés dans le paradis terrestre.

On compte dix Patriarches avant le Déluge.

1° ADAM. mort en 4033.
2° SETH. mort en 3034.
3° ENOS. mort en 3824.
4° CAÏNAN. mort en 3729.
5° MALALÉEL. mort en 3674.
6° JARED. mort en 3542.
7° HÉNOCH. enlevé au ciel en 3978.
8° MATHUSALEM. mort en 3308, âgé de 969 ans.
9° LAMECH. mort en 3313.
10° NOÉ. mort en 2958, âgé de 950 ans.

XXXIVme Siècle.

3308. — Déluge. (Noé était alors âgé de 600 ans.)
3306. — Naissance d'Arphaxad, fils de Sem.

XXXIIme Siècle.

3171. — Naissance de Salé, fils d'Arphaxad.

XXXIme Siècle.

3041. — Naissance d'Héber, fils de Salé.

Histoire Sainte.

XXXme Siècle.

2958. — Mort de Noé, âgé de 950 ans.
2907. — Naissance de Phaleg, fils d'Héber.
Construction de la Tour de Babel. — Dispersion des peuples.
Les trois fils de Noé donnent naissance aux diverses nations de la terre.
(Les descendants de Japhet se répandirent dans l'Asie septentrionale et l'Europe ; — ceux de Cham dans le S.-O. de l'Asie et l'Afrique ; — ceux de Sem dans l'Asie centrale et orientale.)

XXIXme Siècle.

2868. — Mort d'Arphaxad. (Ses descendants restent en Chaldée.)
2808. — Mort de Sem.

XXVIIIme Siècle.

2777. — Naissance de Rehu, fils de Phaleg.

Égypte.	Histoire Sainte.	Babylone.	Ninive.
Gouvernement des Dieux ou des Prêtres. On attribue aux prêtres la fondation d'Éléphantine, de Thèbes et de This.	**XXVIIme Siècle.** 2646. — Naissance de Serug, fils de Rehu.	2680. — Nemrod, fils de Chus, et petit-fils de Cham, bâtit Babylone sur l'Euphrate.	Assur, fils de Sem, fonde Ninive sur le Tigre.
....	**XXVIme Siècle.** 2515. — Naissance de Nachor, fils de Serug.	Successeurs de Nemrod, inconnus.	Successeurs d'Assur inconnus.
2467. — Menès ou Misraïm est, dit-on, le premier roi d'Égypte. Il fonde Memphis.	**XXVme Siècle.** 2436. — Naissance de Tharé, fils de Nachor.	.... *Id.*	.... *Id.* ....

GRÈCE.	ÉGYPTE.	HISTOIRE SAINTE.	BABYLONE.	NINIVE.
....	....	....	....	....
	Busiris (date inconnue) embellit Thèbes et l'agrandit...		Suite de rois inconnus.	
Première période Pélasgique, époque de barbarie.		2366. Naissance d'Abraham à Ur, ville de Chaldée ou Mésopotamie.		Suite de rois inconnus.
	2340. Époque du roi Timaos.			
	2335. L'Égypte (la Thébaïde exceptée) est envahie par les pasteurs ou hycsos, qui forment une dynastie particulière, dont le premier roi est Salatis.	....	Des tribus arabes envahissent la Babylonie affaiblie par le repos et la mollesse et la partagent en plusieurs petits états indépendants. Leur premier roi à Babylone est Mardocentès.	

GRÈCE.	ÉGYPTE.	HISTOIRE SAINTE.	BABYLONE.	NINIVE.
	Les rois pasteurs continuent à régner dans la haute et la moyenne Égypte.	2296. **Vocation d'Abraham.** Dieu lui ordonne de se rendre dans la terre de Chanaan.		
		2291. Mort de Tharé à Haran. Abraham s'établit dans la terre promise.		
	2289. Abraham passe en Égypte avec Sara sa femme.	2289. Abraham en Égypte. A son retour, il se sépare de Loth.		
		2281. Il défait les cinq rois de la Pentapole, et est béni par Melchisédech. Il épouse Agar.		
		2280. Naissance d'Ismaël.		
		2267. Nouvelle alliance de Dieu avec Abraham; destruction de Sodôme et de Gomorrhe.		
		2266. Naissance d'Isaac.		
Première période Pélasgique, époque de barbarie.		2263. Renvoi d'Agar.	La Babylonie est occupée par les tribus arabes.	Suite de rois inconnus.
		2241. **Sacrifice d'Isaac.**		
		2229. Mort de Sara.		
		2226. Mariage d'Isaac.		
		2206. Naissance d'Ésaü et de Jacob.		

XXIIme Siècle.

GRÈCE.	ÉGYPTE.	HISTOIRE SAINTE.	BABYLONE.	NINIVE.
....	....	....	....	....
Première période Pélasgique. Époque de barbarie.	....	2191. — Mort d'Abraham (175 ans). — Isaac.		
2164. — Egialée fonde Sicyone.	Les rois pasteurs continuent à régner dans la basse et la moyenne Égypte. Thèbes reste indépendante.			
		Esaü vend son droit d'aînesse.	La Babylonie est occupée par les tribus arabes.	Suite des rois inconnus.
		43. — Mort d'Ismaël (137 ans).		
		29. — Jacob surprend la bénédiction de son père. Fuite et vision de Jacob. Il se rend chez Laban.		
		22. — Il épouse Lia, puis Rachel.		
	Les Pharaons Thébains engagent la lutte contre les Hycsos.	13. — Naissance de Joseph.		
		9. — Retour de Jacob. Lutte mystérieuse. Il reçoit le nom d'Israël, et se réconcilie avec Esaü.		

XXIme Siècle.

GRÈCE.	ÉGYPTE.	HISTOIRE SAINTE.	BABYLONE.	NINIVE.
....	....	2097. — Enlèvement de Dina, et massacre des Sichémites.	....	....
Première période Pélasgique. Époque de barbarie.	2096. — Joseph en Égypte à la cour d'un des rois égyptiens qui avaient reconquis l'Heptanomide........................	96. — Mort de Rachel. Joseph vendu par ses frères, et emmené en Égypte.		
		93. — Joseph en prison.		
		90. — Il explique les songes de Pharaon, et est nommé premier ministre.		
	Misphragmoutosis repousse les rois pasteurs dans Avaris.	86. — Mort d'Isaac (180 ans).		
		85. — Mort d'Esaü.	..... *Id.*	..... *Id.* .....
		82. — Jacob envoie ses fils chercher du blé en Égypte.		
	76. — Joseph établit les Hébreux dans le nord de l'Égypte.	76. — Joseph établit sa famille dans le pays de Tanis.		
	75. — Thoutmosis chasse les Hycsos de l'Égypte ; un certain nombre reste dans le Delta, et renouvellera plus tard la guerre.			
		59. — Mort de Jacob (147 ans).		
		3. — Mort de Joseph (110 ans).		

XXme Siècle.

GRÈCE.	ÉGYPTE.	HISTOIRE SAINTE.	PREMIER EMPIRE D'ASSYRIE.
Seconde période Pélasgique. — Premier âge de civilisation.	1996. — Mœris ou Miphra fait creuser le lac et construire les Pyramides qui portent son nom.	....	....
1986. — Inachus vient de Phénicie en Argolide. Ephyre, sa sœur, fonde Corinthe.			1993. — Bélus, roi de Ninive, soumet les Arabes dominateurs de la Babylonie, réunit le royaume de Babylone à celui de Ninive et fonde le premier empire d'Assyrie.
			68. — Ninus. Il subjugue la Cœlé-Syrie, l'Asie-Mineure, la haute Asie; il s'empare de Bactres par les conseils de Sémiramis qu'il épouse.
		Les Hébreux en Égypte.	
20. — Phoronée fonde la ville et le royaume d'Argos. — Phégée règne en Arcadie et y bâtit Phégée.			
			16. Sémiramis. Ses conquêtes en Arménie. Ses travaux près du lac de Van. Elle rend Babylone rivale de Ninive. Elle entreprend la conquête de l'Inde, et échoue dans ses projets.

XIXme Siècle.

ATTIQUE.	THÈBES.	PÉLOPONNÈSE.	....	....	....
....	1880. — Ogygès jette les fondements de Thèbes.	1880. — Sparton, fils ou frère de Phoronée, fonde Sparte. Mycénéus fonde Mycènes.	Uchoréus ou Achoris régularise le cours du Nil, et entoure Memphis d'une muraille.	....	1874. — Mort de Sémiramis. — Ninyas, son fils, peut-être son meurtrier.
1869. — Ogygès arrive en Attique, et y fonde Eleusis.					
				.... *Id.*	
32. — Déluge d'Ogygès.		33. Pélasgus civilise l'Arcadie.			
		Une colonie de Pélasges passe du Péloponnèse en Thessalie.			

XVIIIme Siècle.

Grèce. — Attique.	Laconie.		Égypte. —	Histoire Sainte. —	1er Empire d'Assyrie. —	Phénicie. —
Seconde période Pélasgique. — Premier âge de civilisation.			....	....	....	....
				Les Hébreux en Égypte.	Suite de rois efféminés.	
			Osymandias. — Ses expéditions jusqu'en Bactriane. — Création d'une bibliothèque. — Son tombeau.	1725. — Naissance de Moïse à Tanis.		
	1710. — Lélex, Égyptien ou Phénicien, occupe Sparte et l'agrandit.					

XVIIme Siècle.

Attique	Laconie		Égypte	Histoire Sainte	1er Empire d'Assyrie	Phénicie
....	....	1700. — Polycaon et Messène fondent plusieurs villes en Messénie.	Fondation des villes de Ramsès et de Pithon.	....	....	....
			Ramsès Miamum accable les Israélites de travaux.	1685. — Moïse tue un Égyptien qui maltraitait un Israélite. — Sa fuite à Madian où il épouse Séphora.		
			61. — Nouvelle invasion des impurs. Aménophis se retire en Éthiopie pendant 13 ans.			
			48. — Retour d'Aménophis. — Il expulse tous les étrangers. Départ de Cécrops.			
46. — Règne de Cécrops en Attique.				46. — Dieu appelle Moïse à la délivrance de son peuple.		
			45. — Sortie miraculeuse des Hébreux. Sésostris ou Ramsès V (le Grand). — Ses rapides conquêtes le conduisent jusqu'aux bords du Gange à l'Est et en Thrace à l'Ouest.	45. — Plaies d'Égypte. — Passage de la Mer Rouge. — Décalogue.	..... *Id.*	....
				44. — Consécration du tabernacle.		
40. — Cranaüs, successeur de Cécrops.						40. — Agénor, roi de Sidon, fonde Tyr, sur le bord de la mer.
		35. — Deucalion vient du Caucase en Thessalie. — Nouvelle inondation.				
25. — Deucalion se réfugie en Attique.	Eurotas, roi de Lacédémone, creuse le lit du fleuve qui porte son nom.					
				5. *Mort de Moïse* (120 ans). *Josué.* Passage du Jourdain. Jéricho. Haï. Josué arrête le soleil. Partage du pays conquis entre les 12 tribus.		

XVIme Siècle.

Grèce. Attique.	Grèce. Thèbes.	Grèce. Argos et Mycènes.	Grèce. Laconie et Crète.	Egypte.	Hist. Sainte.	1er empire d'Assyrie.	Phénicie.	Atyades de Lydie ou Méonie.
Les Hellènes descendants de Deucalion se répandent en Grèce sous les noms de Doriens, Eoliens, Ioniens et Achéens.				....	....	....	....	....
1580. — Amphictyon usurpe le trône d'Athènes.	....	....	....	....	1580. Mort de Josué (110 ans). Soulèvement des Chananéens réprimé. » Gouvernement des Anciens. Première guerre civile.			79. — Méon ou Manès, premier roi de la contrée qui fut appelée Méonie.
	77. Cadmus aborde en Béotie; il bâtit la Cadmée.		Lacédémon bâtit une ville près de Sparte.					
		72. — Danaüs détrône Gélanor.		72. Armaïs, frère de Sésostris, passe en Grèce sous le nom de Danaüs.				
		70. — Il soumet Mycènes.	....	70. Mort de Sésostris. Phéron, son fils.				
					62. Les Israélites sont soumis par Chuzan roi de Mésopotamie. (Première servitude, 8 ans.)	Suite des rois efféminés.		60. — Cotys succède à Méon.
					54. Gouvernement des Juges. *Othoniel*, premier juge. Il délivre les Israélites du joug de Chuzan.			30. Atys Sa dynastie prend le nom d'Atyades. Horrible famine. Emigration de son fils Tyrrhénus en Italie.
					14. Les Israélites sont opprimés par les Moabites. (Deuxième serv., 8 ans.)		20. Des Phéniciens s'établissent dans le nord de l'Afrique et fondent Utique.	

XVme Siècle.

Grèce. Attique.	Grèce. Thèbes.	Grèce. Argos et Mycènes.	Grèce. Laconie et Crète.	Egypte.	Hist. Sainte.	1er empire d'Assyrie.	Phénicie.	Atyades de Lydie ou Méonie.
1500. — Règne de Pandion.	....	....	Minos, roi et législateur de la Crète. — Rhadamanthe, son frère, règne sur les îles de la mer Égée.	....	....	....	....	Lydus donne le nom de Lydie à la Méonie.
					1496. — Aod tue Eglon et délivre le peuple. — Paix dans Israël pendant 80 ans.			80. — Akiamus.
								70. — Hermon ou Adramys.
		Acrisius.		Lacune.		..... *Id.*		
								40 ? — Alcimus.
	30. — Amphion entoure Thèbes de murailles.	31. Persée tue Acrisius, quitte Argos qu'il abandonne à Mégapenthe et fonde le royaume de Mycènes.			16. Première attaque des Philistins. Samgar, troisième juge. Sa mort. Jabin, roi d'Azor, soumet les Israélites. (Troisième servit., 26 ans.)			

ITALIE.	GRÈCE. ATTIQUE.	THÈBES.	MYCÈNES.	ARGOS.	LACONIE et ÉLIDE.	Egypte.	HISTOIRE SAINTE.	1er Emp. d'Assyrie.	Phénicie.	LYDIE.
....						....	....	....	....	....
	....	....	1397. — Mort de Persée. Electryon. — (Il est tué par Amphitryon, qui se retire à Thèbes.) — Mestor.	Anaxagore, fils de Mégapenthe, partage son royaume avec les Hellènes Bias et Mélampus. Ce partage subsiste dans les trois branches jusqu'à Cyllabarès.	....		1396. — Débora, juge et prophétesse. Par son ordre, Barac défait Sisara général des Chananéens près du mont Thabor. Sisara, tué par Jahel. (Cantique célèbre de Débora.) Paix de 40 ans.			Camblite.
					80. — Pélops s'établit en Élide. Il ép. la fille d'Œnomaüs, auquel il succède.					
										Tmolus.
	81. — Égée succède à Pandion II.									
			Sthénélus.							Théoclymène.
							56. — Les Israélites sont opprimés par les Madianites. (4e servitude, 7 ans).			Marsyas.
		50. — Laïus tué par Œdipe qui lui succède et épouse Jocaste.				*Lacune.*	49. — Gédéon délivre les Israélites.	Suite de rois efféminés.	*Lacune.*	Jardanus.
30. — Évandre amène dans le Latium une seconde colonie. La première avait eu pour chef Œnotrus.	....	....	30. — Eurysthée. (Exploits d'Hercule. Expédition des Argonautes.)							Omphale; elle épouse Hercule.
	23. — Mort d'Égée. — Thésée.									
					18. — Tyndare est replacé par Hercule sur le trône de Sparte.					
		12. — Œdipe chassé se réfugie en Attique.								
		11. — Guerre de Thèbes. Mort d'Étéocle et de Polynice. Les Argiens sont repoussés.	10. — Eurysthée chasse les Héraclides.	Capanée, Adraste, Amphiaraüs, etc., accompagnent Polynice devant Thèbes.						
							9. — Abimelech, 6e juge. Il se fait nommer roi de Sichem.			
			7. — Les Héraclides, quoique vainqueurs d'Eurysthée, quittent le Péloponèse.				6. — Abimelech détruit Sichem révoltée; il est défait et tué au siége de Thèbes. Thola, 7e juge. Il gouverne pendant 23 ans.			
		8. — Guerre des Épigones. Thersandre.								

ITALIE.	GRÈCE.					ÉGYPTE.	HISTOIRE SAINTE.	1er Emp. d'Assyrie.	Phénicie.	LYDIE.
....	ATTIQUE.	THÈBES.	MYCÈNES.	ARGOS.	LACONIE.	....	....	......	......	....
	....	....	....	....	1300. — Ménélas épouse Hélène, fille de Tyndare.					
	1192. — Mort de Thésée à Scyros. — Ménesthée.		Agamemnon succède à Atrée.		Il succède à Tyndare.					
					90. — Enlèvement d'Hélène par Paris.					
							83. — Mort de Thola. — Jaïr, 8e juge. — Il gouverne pendant 22 ans.			Pylemène, fils d'Omphale; ses fils Mesthlès et Antiphus vont au siége de Troie.
		80. — Thersandre est tué en Mysie par Téléphe. — Tisamène.	Agamemnon chef de l'expédition contre Troie.		Il part pour le siége de Troie.	Protée. — Les Grecs en ont fait un dieu marin.				
	70. — Mort de Ménesthée. — Démophon, fils de Thésée.		1270. — **PRISE DE TROIE.** — Agamemnon tué par Égisthe.	Cyllabarus reprend les deux tiers de l'Argolide occupés par les Hellènes.	Retour de Ménélas.					Mort de Pylemène. — Alcée, fils d'Hercule et de Malis, esclave d'Omphale. Il ouvre la dynastie des Héraclides.
68 — Anténor se réfugie en Vénétie.										
65. — Énée tue Turnus et épouse Lavinie.			65. — Oreste tue Égisthe, et recouvre ses états.							
							61. — Mort de Jaïr. (Cinquième servitude sous les Ammonites; elle dure 18 ans).	Suite de rois efféminés.		
59. — Énée disparaît. Ascagne fonde Albe la Longue, et devient la tige des rois d'Albe.			A la mort de Cyllabarus, Oreste règne sur toute l'Argolide.						59. — Une colonie Phénicienne fonde Carthage.	
	Oxyathès.				La mort de Ménélas donne Sparte à Oreste.					
										45. — Bélus.
		Autésion, tourmenté par les furies, abdique. Il est remplacé par Damasichthon, prince Hellène,				44. — Rhampsinit, le plus riche, dit-on, des rois Égyptiens.	43. — **JEPHTÉ**, 9e juge, délivre les Israélites. — Vœu de Jephté.			
							42. — Guerre civile entre Ephraïm et Galaad.			
							37. — Mort de Jephté. — Abesan, 10e juge.			
	Aphidas.						30. — Mort d'Abesan. — Ahialon, 11e juge.			
										33. — Ninus.
		Pénéléo, fils de Damasichthon.					20. — Mort d'Ahialon. — Abdon, 12e juge. — Epoque de Ruth et de Noémi.			
										19. — Argon. Il transfère à Sardes le siége des rois de Lydie.
							12. — Mort d'Abdon. — Les Israélites sont opprimés par les Philistins. (Sixième servitude, 40 ans.)			

Grèce. — Attique.	Grèce. — Thèbes.	Grèce. — Péloponnèse.	Egypte. —	Histoire Sainte. —	1er Empire d'Assyrie.	Phénicie. —	Lydie. —
....	....	1198. — Mort d'Oreste, roi d'Argos, de Mycènes et de Sparte. — Tisamène, son fils.	Chéops ferme les temples, tyrannise ses peuples et construit la grande pyramide.	92. — Un ange annonce la naissance de Samson.			
		90. — Invasion du Péloponnèse par les Héraclides et les Doriens. — Formation de cinq nouveaux états : 1° L'Argolide est occupée par Téménus. 2° La Laconie par Aristodème. 3° La Messénie par Chresphonte, qui chasse les Eoliens. 4° Sicyone par Phalcès. 5° L'Elide par l'Etolien Oxylus.					
1182. — Mélanthus, chef des Eoliens, détrône Thymétès, fils d'Aphidas et descendant de Thésée.	81. — Xanthus, dernier roi de Thèbes, est tué par Mélanthus Néléide. — Thèbes abolit la royauté et tombe dans l'obscurité jusqu'à l'époque d'Epaminondas.						
		78. — Eurysthène et Proclès règnent simultanément à Sparte où le trône sera toujours partagé entre les Agides et les Proclides.		72. — Samson, 13e juge ; il délivre les Israélites du joug des Philistins.	Suite de rois efféminés.	*Laoune.*	Dynastie des Héraclides.
70. — Les Ioniens chassés de l'Egialée sont accueillis par Mélanthus.							
			60. — Chéphrem, frère et successeur de Chéops, il imite sa tyrannie et construit la seconde pyramide de Giseh.				
52. — Mort de Mélanthus ; son fils Codrus lui succède.				52. — Mort de Samson chez les Philistins. — Héli, 14e juge et 7e grand-prêtre.			
			40. — Mycerinus, fils de Chéops, rouvre les temples et élève la troisième pyramide de Giseh.				
32. — Invasion des Doriens en Attique. — Dévouement de Codrus. — Abolition de la royauté ; son fils Médon, 1er Archonte perpétuel. (*V. l'an 754*)				14. — Mauvaise conduite des enfants d'Héli. 12. — Les Philistins battent les Israélites et s'emparent de l'Arche. — Mort d'Héli. 11. — Les Philistins renvoient l'Arche, qui est transportée à Cariath-Yarim.			
5. — Acastus, 2me Archonte perpétuel.							

Années	GRÈCE.	EGYPTE.	HISTOIRE SAINTE.	1er Empire d'ASSYRIE.	PHÉNICIE.	LYDIE.
1100.	— Alétès, Héraclide, enlève Corinthe aux Sisyphides. (*V. l'an* 777.)					
99						
98						
97						
96						
95						
94						
93						
92			Samuel délivre les Israélites de la 7e servitude. — Défaite des Philistins à Maspha.			
91						
90						
89						
88				Suite de rois efféminés.		Dynastie des Héraclides.
87						
86		*Lacune.*				
85						
84						
83						
82						
81			Samuël abandonne ses fonctions de Juge à ses fils. — Plaintes du peuple.			
80			Établissement de la royauté. — Saül (22 ans) sacré roi par Samuël. Samuël continue à prendre part au gouvernement jusqu'à l'an 1062.		Abibal Ier roi de Tyr, contemporain de Saül; il avait donné des secours aux Philistins vaincus par Samuël.	
79						
78						
77						
76						

	Italie.	Grèce.	Égypte.	Histoire Sainte.	Syrie.	1er Emp. d'Assyr.	Phénicie.	Lydie.
75	...	...	...	...	...	...	...	...
74								
73								
72								
71				**RÈGNE DE SAÜL.**				
70	...	...	...	...	Rohob ou Arach, roi de Sobah, en Syrie, contemporain de Saül.			
69	...	Ath. Archippus, 3me Archonte perpétuel.	...	...	...	...	Suite du règne d'Abibal Ier, à Tyr.	
68								
67								
66			*Lacune.*					
65								
64								
63								
62	...	...	...	Victoire remportée sur les Ammonites. — Retraite de Samuel.				
61						Suite des rois efféminés.		Dynastie des Héraclides.
60	...	...		Saül offre un holocauste en l'absence de Samuel. — Menaces du prophète. — Victoire de Jonathas sur les Philistins.				
59								
58								
57								
56	...	...	...	Défaite des Amalécites. — Saül épargne Agag. — Son châtiment annoncé par Samuel.				
55								
54								
53								
52								
51	...	...	...	David est sacré roi par Samuel.				

	ITALIE.	GRÈCE.	ÉGYPTE.	HISTOIRE SAINTE.	SYRIE.	1er EMP. D'ASSYR.	PHÉNICIE.	LYDIE.
50	...	...	...	David est amené à Saül pour jouer de la harpe.	...	...	...	...
49								
48	...	...	...	Guerre avec les Philistins. — David tue Goliath. — Il épouse Michol.				
47	...	...	...	Exploits et triomphe de David. — Jalousie de Saül. — Il fait tuer Achimélech.				
46	...	...	...	David est assiégé par Saül dans Ceila.				
45								
44	...	Ath. Thersippus, 4me Archonte perpétuel.	...	...	Hadar-Ezer, successeur de Rohob au royaume de Sobah. — Il tente de soumettre les autres royaumes de la Syrie.			
43								
42	...	...	...	Mort de Samuel (98 ans). — David épargne Saül qui le poursuivait.				
41	...	...	...	David se retire chez Achis, roi de Geth.				
40	...	...	...	Saül et la Pythonisse d'Endor. — Mort de Saül. — **DAVID** reconnu roi par Juda.	...	...	*Mort d'Abibal.* — **HIRAM**, son fils ; il fut l'allié de David et de Salomon.	Dynastie des Héraclides.
39								
38	...	...	...	Guerre entre Isboseth et David. — Abner abandonne Isboseth ; il est tué par Joab.				
37								
36			*Lacune.*			Suite des rois efféminés.		
35								
34								
33	...	...	...	Isboseth est assassiné. — David est reconnu roi par toutes les tribus.				
32	...	Guerre des Lacédémoniens et des Argiens au sujet de la Cynurie.	...	David s'empare de Jérusalem sur les Jébuséens.				
31	...	...	...	Alliance avec Hiram, roi de Tyr.	...	...	Alliance avec David.	
30	...	...	...	Nouvelle défaite des Philistins.				
29	...	...	...	David fait conduire l'Arche-Sainte de Cariath-Yarim à Jérusalem qui devient sa capitale.				
28	...	...	...	Nouvelle guerre contre les Philistins.				
27	...	...	...	Soumission des Moabites, des Ammonites, des Syriens, des Iduméens.	Hadar-Ezer est vaincu par David qui s'empare aussi de Damas.			
26	...	...	...	David étend ses conquêtes jusqu'à Élam.				

	Italie.	Grèce.	Égypte.	Histoire Sainte.	Syrie.	1er Emp. d'Assyr.	Phénicie.	Lydie.
25	....	....	....	....	David établit Rezom-Adad sur le trône de Damas.	....	....	....
24	....	....	....	Siége de Rabbath-Ammon. — David épris de Bethsabée fait périr Urie.				
23	....	....	....	Nathan lui annonce la vengeance de Dieu — David s'humilie.				
22	....	....	....	Prise de Rabbath-Ammon. — Destruction des Ammonites.				
21								
20								
19							**RÈGNE D'HIRAM.**	
18								
17	....	....	....	Naissance de Salomon. — Absalon fait tuer son frère Ammon et s'enfuit à Gessur.				
16								
15								
14	....	....	....	David rappelle Absalon.				
13								
12			*Lacune.*		Long règne de Rezom.	Suite des rois efféminés.		Dynastie des Héraclides.
11								
10	....	....	....	Révolte d'Absalon ; il est battu et tué dans la forêt d'Ephraïm.				
9								
8								
7								
6	....	....	....	Dénombrement. — L'orgueil de David puni par la peste. — Son repentir.				
5								
4								
3	....	*Ath.* Phorbas, 5e archonte perpétuel.						
2								
1	....	....	....	*Mort de David* (71 ans). — **SALOMON** (17 ans). — Il met à mort Adonias. — Jugement célèbre.				

Année	Italie.	Grèce.	Égypte.	Histoire Sainte.	Syrie.	1er Emp. d'Assyr.	Phénicie.	Lydie.
1000	...	...	...	Salomon fait alliance avec Hiram, roi de Tyr.	...	...	Hiram envoie à Salomon des ouvriers et des matériaux pour la construction du Temple.	...
99								
98	...	...	...	Il commence la construction du temple.				
97								
96								
95								
94								
93								
92	Invasion des Rasènes ou Rhéticns en Etrurie. (D'autres la reportent au onzième ou au douzième siècle.)							
91	...	...	...	Dédicace du Temple.				
90					Suite du règne de Rezon-Adad.	Suite des rois efféminés.		Dynastie des Héraclides.
89	...	...	...	Époque glorieuse du règne de Salomon. — Ses flottes parcourent la mer Rouge et la Méditerranée. — Fondation de Palmyre dans le désert, etc.				
88								
87								
86	...	Époque du règne de l'héraclide Bacchis à Corinthe.						
85								
84			*Lacune.*					
83								
82								
81								
80	...	...	**SESAC** ou Sesonchis.	? La reine de Saba vient du fond de l'Arabie admirer la gloire de Salomon.				
79								
78	...	...	...	Salomon se laisse entraîner à l'idolâtrie par les femmes étrangères.	Il profite de la faiblesse de Salomon pour se rendre maître de toute la Syrie.			
77								
76	...	...	...	...	...	...	Mort d'Hiram (83 ans). — Bazor, son fils.	

	Italie.	Grèce.	Égypte.	Histoire Sainte.		Syrie.	1er Emp. d'Assyr.	Phénicie	Lydie.
	—	—	—	—		—	—	—	—
75									
74									
73									
72									
71									
70									
69								*Mort de Bazor.* **ABDESTRATE**, son fils.	
68									
67									
66		Ath. Mégaclès, 6me Archonte perpétuel.							
65									
64									
63									
62				*Mort de Salomon.* — **ROBOAM**, son fils, roi de **JUDA**.	Schisme des dix tribus. — **JÉROBOAM**, roi d'**ISRAEL**. — Il établit le culte du veau d'or.				
61									
60						Hésion ou Adad II.	Suite de rois efféminés.	*Abdestrate assassiné.* — Usurpation.	Dynastie des Héraclides.
59									
58			Sésac ou Sesonchis envahit le roy. de Juda; il se retire, emportant les richesses de Jérusalem.	Jérusalem est prise et pillée par le roi d'Égypte.	Il appelle Sesac à son secours contre Roboam.				
57									
56									
55									
54									
53									
52									
51									

	Italie.	Grèce.	Égypte.	Histoire Sainte. Juda.	Israël.	Syrie.	1er Emp. d'Assyr.	Phénicie.	Lydie.
50									
49									
48								Astarte chasse l'usurpateur.	
47									
46				*Mort de Roboam.* — **ABIAM,** son fils.		**ADAD III.**			
45				Il bat Jéroboam.		Il fait alliance avec Abiam.			
44				*Mort d'Abiam.* — **ASA,** son fils.					
43				Règne	*Mort de Jéroboam.* — **NADAB,** son fils.				
42				glorieux.	*Nadab* est mis à mort par **BAAZA.**				
41									
40									
39									
38									
37							Suite de rois efféminés.		Dynastie des Héraclides.
36			*Lacune.*					*Mort d'Astarte.* — **ASERIM.**	
35				Il est vainqueur des Éthiopiens.					
34									
33									
32									
31						**BENADAD Ier** ou **ADAD IV.**			
30		Ath. Diognète, 7me Archonte perpétuel.							
29					Guerre avec Juda.	Il fait alliance avec Baaza, qu'il combat ensuite, gagné par les présents d'Asa.			
28				Il bat les Israélites.					
27								*Mort d'Aserim.* — **PHELÈS.**	
26								*Mort de Phelès.* **ITHOBAL Ier.**	

	Italie.	Grèce.	Égypte.	Histoire Sainte.		Syrie.	1er Emp. d'Assyr.	Phénic.	Lydie.
25				Juda.	Israel.				
24									
23									
22						Suite du règne de Ben-Adad Ier.			
21									
20									
19					*Mort de Baaza.* — **ELA**, son fils.				
18					Ela tué par **ZAMBRI**. — Règne de sept jours. — **AMRI**.				
17									
16							Suite des rois efféminés.		Dynastie des Héraclides.
15					Amri règne sans rival par la mort de Thebni.				
14					Il bâtit Samarie, dont il fait sa capitale.				
13									
12									
11			*Lacune.*						
10									
9									
8									
7					*Mort d'Amri.* — **ACHAB**, son fils, époux de Jézabel.			Ithobal donne sa fille Jézabel à Achab.	
6					Il fait bâtir un temple à Baal.				
5									
4				*Mort d'Asa.* — **JOSAPHAT**, son fils.	Famine dans Israel.				
3					Miracle d'Élie sur le mont Carmel. — Massacre des prêtres de Baal.				
2				Il règle l'administration de son royaume.					
901					Élie sacre Hazael, Jéhu et Élisée.				

	Italie.	Grèce.	Égypte.	Histoire Sainte.		Syrie.	1er Emp. d'Assyr.	Phénicie.	Lydie.
				Juda.	Israël.				
900						*Mort de Ben-Adad Ier* **BEN-ADAD II.**			
99									
98		*Mort de Polydecte* à Sparte.— **LYCURGUE** tuteur de son neveu Charilaüs.							
97									
96		Ath. Pherecles, 8me archonte perpétuel.							
95		Phidon, roi d'Argos, invente les poids, les mesures et les monnaies d'argent.							
94								*Mort d'Ithobal Ier.* — Badazor.	
93					Achab défait Ben-Adad sous les murs de Samarie.				
92					Nouvelle victoire. — Alliance avec le roi de Syrie.	Vaincu deux fois, Ben-Adad fait alliance avec Achab.			
91									
90					Naboth est lapidé. — Achab s'empare de sa vigne.				
89				Alliance avec Achab. — Destruction des flottes des deux rois.		Il s'empare de Ramoth.			
88				Josaphat accompagne Achab au siége de Ramoth.	*Mort d'Achab*, blessé à Ramoth. — **OCHOSIAS**, son fils.	Il défait Achab et Josaphat.		Matgène.	
87					*Mort d'Ochosias.* — **JORAM**, son frère.	Ochosias vaincu lui cède Ramoth.			Dynastie des Héraclides.
86					Miracles d'Élisée successeur d'Élie.				
85					Défaite des Moabites.		Suite de rois efféminés.		
84		Iphitus, roi d'Élide, rétablit les jeux olympiques institués par Hercule.							
83			Lacune.						
82									
81									
80				*Mort de Josaphat.* — **JORAM**, son fils, roi impie.					
79				Élisée lui reproche ses crimes.		Il enlève le port d'Élath au roi de Juda.		Pygmalion.	
78									
77				Les Philistins et les Arabes envahissent et pillent Jérusalem.	Siége de Samarie. — Horrible famine. — Délivrance miraculeuse.	Il assiége Samarie.			
76				*Mort de Joram.* — **OCHOSIAS** tué par Jéhu. — Usurpation d'**ATHALIE**.	*Joram* tué par **JÉHU**. — Massacre de la famille d'Achab.	*Ben-Adad* assassiné par **HAZAEL**.			

	Italie.	**Carthage.**	**Grèce.**		**Égypte.**	**Histoire Sainte.**		**Syrie.**	**1er Emp. d'Assyr.**	**Phénicie**	**Lydie.**
			Athènes.	Péloponnèse.		Juda.	Israël.				
75											
74											
73											
72											
71							Suite du règne de Jéhu.	**RÈGNE D'HAZAEL.**			
70						Meurtre d'*Athalie*. — **JOAS.**				Pygmalion assassine Sichée, époux de sa sœur Didon.	
69											
68											
67						Il fut fidèle au Seigneur tant que vécut le grand-prêtre Joiada.					
66				Constitution donnée à Sparte par LYCURGUE.							
65										Didon abandonne la Phénicie et conduit une colonie en Afrique.	
64											
63											
62		**DIDON** agrandit Carthage et y ajoute une citadelle appelée Byrsa.									
61											
60											Dynastie des Héraclides.
59									Suite des rois efféminés.		
58					*Lacune.*						
57											
56											
55											
54				Phidon, roi d'Argos, est détrôné par les Lacédémoniens.							
53			Ath. Ariphron 9e archonte perpétuel.								
52											
51											

	Italie.	Carthage.	Grèce.	Égypte.	Histoire Sainte. Juda.	Israël.	Syrie.	1er Emp. d'Assyr.	Phénicie.	Lydie.
50		*Mort de Didon.* — Sa mort est suivie d'une lacune de plus de trois siècles.								
49										
48						*Mort de Jéhu.* — **JOACHAS.**				
47										
46						Il mêle le culte du veau d'or à celui du vrai Dieu.				
45										
44										
43										
42										
41										
40					? *Mort de Joïada* (130 ans). — **JOAS** tombe dans l'impiété.			Suite de rois efféminés.		Dynastie des Héraclides.
39										
38				*Lacune.*						
37										
36						L'impiété de Joachas est punie par les ravages des Syriens.				
35										
34					Joas fait lapider Zacharie dans le Temple.		Les armées d'Hazael envahissent Juda et Israel.			
33					Invasion des Syriens. — Joas achète leur départ.					
32					L'armée de Syrie pille Jérusalem.	*Mort de Joachas.* — **JOAS**, son fils.	*Mort d'Hazael.* — **BEN-ADAD III**, son fils.		*Mort de Pygmalion.* — **PAPHOS.**	
31					*Joas assassiné.* — **AMASIAS.** — Il punit les assassins de son père.					
30										
20										
28			Ath. — Thespiéus, 10me Archonte perpétuel.							
27										
26										

	ITALIE.	CARTHAGE.	GRÈCE.	ÉGYPTE.	HISTOIRE SAINTE. JUDA.	HISTOIRE SAINTE. ISRAEL.	SYRIE.	1er EMP. D'ASSYR.	PHÉNICIE.	LYDIE.
25										
24						Joas bat les Syriens, et reprend à Ben-Adad III les villes dont Hazael s'était emparé.				
23										
22										
21										
20										
19			*Argos.* — Après la mort d'Eratus, fils de Phidon, la royauté avilie cesse de jouer un rôle dans l'histoire.		Fier d'une victoire sur les Iduméens, Amasias provoque Joas, roi d'Israël ; il est battu et pris.	Joas prend Jérusalem, et impose un tribut à Amasias.	Le règne de **BEN-ADAD III** n'est marqué que par des défaites.			
18										
17						*Mort de Joas.* — **JÉROBOAM II**, son fils.				
16										
15						Il imite l'impiété de ses prédécesseurs.				
14										
13								Suite des rois efféminés.	*Lacune.*	Dynastie des Héraclides.
12										
11		*Lacune.*		*Lacune.*						
10										
9										
8										
7										
6										
5										
4					Amasias se réfugie à Lachis pour échapper à une conspiration.					
3					*Amasias assassiné.* — **OSIAS** ou **AZARIAS**, son fils.					
2										
801			Ath. Agamestor, 11me Archonte perpétuel.							

	Italie.	Grèce.	Égypte.
800	. . . .	*Crète.* — La royauté y est remplacée par la magistrature à vie des Cosmes ou inspecteurs.	. . . .
99	. . . .	**CARANUS**, prince héraclide d'Argos, jette les fondements du royaume de Macédoine.	
98			
97			
96	Numitor, roi d'Albe, est détrôné par son frère Amulius.		
95			
94			
93			
92			
91			
90			
89			
88			*Lacune.*
87			
86			
85			
84			
83			
82			
81			
80	. . . .	Abolition de la royauté en Élide.	
79			
78	. . . .	*Athènes.* — Eschyle, 12me Archonte perpétuel.	
77	. . . .	*Corinthe.* — Les Bacchiades tuent Telestès, et établissent la magistrature des Prytanes.	
76	. . . .	**PREMIÈRE OLYMPIADE** ou Ol. de Corœbus, la 1re où le nom du vainqueur fut inscrit sur des registres publics.	

	Histoire Sainte.		Syrie.	1er Empire d'Assyrie.	Phénicie.	Lydie.
	Juda.	Israel.	Ben-Adad III perd les conquêtes faites par Hazael et devient tributaire de Jéroboam II.	Jonas prêche la pénitence à Ninive.		
800		Jéroboam II, allié à Osias, enlève aux Syriens tout le pays entre Emath et la mer Morte.				
99						
98	Osias reprend Elath.					
97	Il bat les Philistins et les Ammonites, embellit et fortifie Jérusalem.					
96						
95						Ardysus, de la race des Héraclides.
94						
93						
92		Sous le règne de Jéroboam II paraissent les prophètes Osée, Amos et Abdias.			*Lacune.*	
91				**Règne de Sardanapale**, 40e roi d'Assyrie.		
90						
89						
88						
87						
86						
85						
84						
83						
82						
81						
80						
79						
78						
77		Date de la mort de Jéroboam II, selon quelques auteurs qui la font suivre d'un interrègne.				
76						

	ITALIE.	Ans de Rome.	SICILE.	GRÈCE. Athènes.	GRÈCE. Sparte.	ÉGYPTE.
75						
74						
73						
72				(2me *Olympiade.*)		
71.	— Naissance de Romulus et de Rémus.				*Mort de Nicandre,* Proclide. — **THÉOPOMPE,** son fils.	**BOCCHORIS**, célèbre par ses lois et sa justice.
70						
69						
68				(3me *Olympiade.*)		
67						
66						Ses sujets l'accusent d'impiété et appellent Sabacon.
65						**SABACON**, roi d'Éthiopie, envahit l'Égypte et fait périr Bocchoris
64				(4me *Olympiade.*)		
63						
62						
61						
60				(5me *Olympiade.*)	Le pouvoir des Éphores institués par Lycurgue, est augmenté par Théopompe.	
59						
58			Fondation de Syracuse par Archias de Corinthe.			
57						
56				(6me *Olympiade.*) — Alcméon, 13me Archonte perpétuel.		
55						
54.	— Romulus et Rémus rétablissent Numitor sur le trône d'Albe.			*Mort d'Alcméon.* — L'Archontat devient décennal (*V. l'an* 684).		
53.	— Fondation de **ROME**. — Romulus, 1er roi.	1				
52		2		(7me *Olympiade.*)		
51		3				

	Histoire Sainte.		Syrie.	1er Empire d'Assyrie.	Phénicie.	Lydie.	Médie.
	—		—	—	—	—	—
75	Juda.	Israel					
74							
73							
72				SUITE DU RÈGNE **DE SARDANAPALE.**			
71	— Osias veut usurper les fonctions sacerdotales. Il est frappé de la lèpre. Son fils, Joathan, est chargé du gouvernement.						
70							
69							
68							
67							
66		*Mort de Jéroboam II.* — **ZACHARIE**, son fils. Il est assassiné par **SELLUM**. — *Sellum* est défait et tué par **MANAHEM.**	*Mort de Ben-Adad III.* — **RAZIN.**				
65							
64					*Lacune.*		
63							
62		Manahem établit son autorité par la terreur.		Arbacès et Bélésis se révoltent contre Sardanapale.			Arbacès, gouverneur de Médie, prend les armes contre Sardanapale.
61				Sardanapale, d'abord vainqueur, est ensuite forcé de se réfugier dans Ninive.		*Mort d'Ardysus.* — **ALYATTE Ier.**	
60							
59				Prise de Ninive. — *Mort de Sardanapale Ier.* — **PHUL** ou Sardanapale **II**, son fils, roi de **NINIVE.** — **BÉLÉSIS**, roi de **BABYLONE.**			**ARBACÈS** rend l'indépendance à la Médie.
58		Il achète l'alliance de Phul, roi de Ninive.					
57							
56	— Isaïe commence à prophétiser.						
55							
54		*Mort de Manahem.* — **PHACÉIA**, son fils.					
53		*Phacéia* est mis à mort par **PHACÉE**, qui lui succède.					
52	— *Mort d'Osias.* — **JOATHAN**, son fils, prince pieux.						
51							

ROIS DE ROME. —	ANS de Rome.	SICILE. —	GRÈCE. 1re GUERRE DE MESSÉNIE.	ÉGYPTE. —
50	4			
49. — Enlèvement des Sabines.	5			
48. — Triomphe de Romulus sur les Céniniens. — Premières dépouilles opimes.	6		(8me *Olympiade.*)	
47. — Défaite des Antemnates.	7			
46	8			
45. — Guerre contre les Sabins de Cures, suivie d'un traité de paix. Les deux rois règnent ensemble sur les deux peuples.	9			
44	10		(9me *Olympiade.*) — Première guerre de Messénie. — Les Lacédémoniens envahissent la Messénie. Ils s'emparent d'Amphéia. — Incursions réciproques.	
43	11			
42	12			
41	13			SUITE DU RÈGNE **DE SABACON.**
40	14		(10me *Olympiade.*) — Victoire des Messéniens.	
39. — Mort de Tatius à Lavinium.	15		Les Lacédémoniens rentrent en Messénie. — Les Messéniens se retirent sur le mont Ithôme.	
38. — Prise de Fidènes par Romulus.	16		Aristodème immole sa fille. — Trêve.	
37. — Les Véiens prennent les armes. — Romulus les défait.	17			
36. — Victoire signalée de Romulus sur les Véiens	18	Fondation de Naxos (*colonie Ionienne*); — de **SYRACUSE**, par les Corinthiens; — d'Hybla et de Mégare, par les Mégariens (*colonies Doriennes*).	(11me *Olympiade.*)	
35	19		(*Combat de 300 Argiens et de 300 Lacédémoniens. Tous y périrent, excepté deux Argiens.*)	
34	20			
33	21		Reprise des hostilités; nouveau combat. — *Mort d'Euphaès.* — **ARISTODÈME**, lui succède.	
32	22		(12me *Olympiade.*)	
31	23			
30	24	Des habitants de Chalcis, en Eubée, fondent Catane et Tauroménium (*colonies Ioniennes*.		
29	25			
28	26		(13me *Olympiade.*) — Bataille au pied du mont Ithôme. — Défaite des Lacédémoniens. — Aristodème immole Théopompe, roi de Sparte, (*selon quelques auteurs*).	
27	27			
26	28		*Aristodème* se donne la mort. — Découragement des Messéniens.	

	JUDA.	ISRAEL.	SYRIE.	NINIVE.	BABYLONE.	PHÉNICIE.	LYDIE.	MÉDIE.
0	— Règne heureux de Joathan. Il bat les Syriens et les Ammonites, et entoure Jérusalem de fortifications.							
9								
8								
7		SUITE DU RÈGNE **DE PHACÉE.**	SUITE DU RÈGNE **DE RAZIN.**		*Mort de Bélésis.* — **NABONASSAR**, célèbre par l'Ère qui porte son nom.		*Mort d'Alyatte Ier.* — **MELÈS.**	ANARCHIE.
6								
5								
4								
3								
2				*Mort de Phul.* — **TÉGLATH-PHALASAR**, son fils.				
1								
0								
9								
8								
7	— *Mort de Joathan.* — **ACHAZ**, son fils, rétablit le culte de Baal.							
6	— Siège de Jérusalem. — *Isaïe* annonce la retraite des ennemis.	Allié à Razin, il assiége en vain Jérusalem.	Alliance avec Phacée.					
5		Seconde invasion en Juda ; il se retire chargé de butin.					*Mort de Melès.* — **CANDAULE**, dernier roi Héraclide.	
4								
3	— Achaz invoque le secours de Téglath-Phalasar.	Téglath-Phalasar lui enlève le pays de Galaad, la Galilée et le territoire de Nephtali.	*Razin* est vaincu et tué par Téglath-Phalasar.	Il secourt Achaz, s'empare de la Syrie, et garde Elath qui lui donne le commerce de l'Inde et de l'Afrique.	*Mort de Nabonassar.* — Dix princes faibles lui succèdent au milieu de l'anarchie, jusqu'à l'an 680.			**DÉJOCÈS**, juge dans un canton de la Médie, est élu roi.
2								
1								
0	— L'impiété d'Achaz est punie par les ravages de Téglath-Phalasar.							
9								
8								
7								
6		*Phacée mis à mort* par **OSÉE** qui règne à sa place.				RÈGNE **D'ELULÉE.**		

ROIS DE ROME.	ANS de Rome.	SICILE.	GRÈCE.	ÉGYPTE.
25	29		(14me *Olympiade.*) — Prise d'Ithôme par les Lacédémoniens. — Fin de la première guerre de Messénie.	
24	30			
23	31			
22	32			
21	33			
20	34		(15me *Olympiade.*)	
19	35			
18	36			
17	37			
16	38		(16me *Olympiade.*)	
15. — *Mort de Romulus.* — Interrègne d'un an.	39			Sabacon se retire en Ethiopie. — **ANYSIS,** fils de Boc-choris, recouvre l'Egypte.
14. — **NUMA POMPILIUS,** gendre du roi sabin Tatius. — Temple élevé à Vesta	40			
13. — Première année du calendrier de Numa.	41			*Mort d'Anysis.* — **SÉTHOS** ou THARACA, prêtre d Fta ou Vulcain, gouverne l'Egypte malgré la caste d guerriers.
12	42		(17me *Olympiade.*)	
11	43			
10	44			Séthos secourt Ézéchias contre Sennachérib, et vo l'Égypte ravagée pendant trois ans.
9	45			
8	46		(18me *Olympiade.*)	
7. — Numa établit les prêtres Saliens	47		Les Parthéniens chassés de Sparte vont bâtir Tarente, sous la conduite de Phalantus.	Séthos repousse les attaques de Sennachérib.
6	48			
5	49			
4	50		(19me *Olympiade.*)	
3	51		Fondation de Corcyre par les Corinthiens	
2	52			
701	53			

Juda.	Israel.	Ninive.	Babylone.	Phénicie.	Lydie.	Médie.
25						
24	*Osée* paie tribut à Salmanasar.	*Mort de Téglath-Phalasar.* — **SALMANASAR**, son fils.				
23. — *Mort d'Achaz.* — ÉZÉCHIAS, son fils; il rétablit le culte du vrai Dieu.						
22						
21	Il fait alliance avec l'Égypte.					
20	Salmanasar met le siége devant Samarie.	Siége de Samarie.				
19. — Il recouvre les villes prises par les Philistins.						
18. — Il refuse de payer le tribut à Salmanasar.	Salmanasar détruit le royaume d'Israel. — Il avait duré 244 ans.	Il prend Samarie et emmène Osée en captivité.				
17				Élulée soumet les habitants de Citium.		
16		Expédition en Phénicie contre Élulée.		Ils appellent Salmanasar, qui assiége Tyr pendant cinq ans.		
15						SUITE DU RÈGNE
14						**DE DÉJOCÈS.**
13						
12. — Maladie d'Ézéchias.		*Mort de Salmanasar.* — **SENNACHÉRIB**, son fils. (Époque de Tobie.)				
11						
10. — Sennachérib ravage la Palestine.		Il porte ses armes en Palestine et en Égypte pendant trois ans.	Mérodac-Baladan envoie des ambassadeurs à Ézéchias.			
9						
8					*Candaule* tué par **GYGÈS**, 1er roi de la dynastie des Mermnades.	
7. — Jérusalem est délivrée miraculeusement.		Son armée est exterminée devant Jérusalem. — Il est assassiné par deux de ses fils. — **ASAR-ADDON**, son troisième fils.				
6						
5						
4						
3						
2						
701						

	Rois de Rome.	Ans de Rome.	Sicile.	Grèce. Athènes.	Grèce. Péloponnèse.	Égypte.
780		54		(20me *Olympiade.*)		
99		55				
98		56				
97	RÈGNE PACIFIQUE	57				
96	de	58		(21me *Olympiade.*)		
95	**NUMA POMPILIUS.**	59				
94		60				
93		61				
92		62		(22me *Olympiade.*)		SUITE DU RÈGNE
91		63				**DE SÉTHOS.**
90		64	Fondation de Géla (colonie Dorienne), par les Rhodiens.			
89		65				
88		66		(23me *Olympiade.*)		
87		67		Abolition de l'archontat décennal. Elle est suivie de désordres.		
86		68				
85		69				
84		70		(24me *Olympiade.*) **ARCHONTAT ANNUEL.** — Le pouvoir est partagé entre neuf Archontes.	Deuxième guerre de Messénie. — **ARISTOMÈNE** soulève les Messéniens.	
83		71			Aristomène est vainqueur à Déra. — Il pénètre dans Sparte.	
82		72			**TYRTÉE** relève le courage des Lacédémoniens.	
81		73			Les Lacédémoniens sont vainqueurs à la bataille des Tranchées par la trahison d'Aristocrate, roi d'Arcadie.	
80		74		(25me *Olympiade.*)	Les Lacédémoniens font le siége d'Ira où s'est réfugié Aristomène.	
79		75				
78		76				
77		77				
76		78		(26me *Olympiade.*)		

	ROYAUME DE JUDA.	NINIVE.	BABYLONE.	PHÉNICIE	LYDIE.	MÉDIE.
	—	—	—	—	—	—
700	. . . .	. . . .	. . . .	. . . .	. . . .	. . . .
99						
98						
97						
96		SUITE DU RÈGNE			SUITE DU RÈGNE	
95		**D'ASAR-ADDON.**			**DE GYGÈS.**	
94	— *Mort d'Ézéchias.* — **MANASSÉ** (12 ans).					
93						
92	. . . .	. . . .	Messessi-Mordacus monte sur le trône de Babylone.			
91						
90	. . . .	. . . .	. . . .	. . . .	. . . .	*Mort de Déjocès.* — **PHRAORTE** son fils, nommé Arphaxad dans l'Écriture.
89						
88	. . . .	. . . .	L'anarchie règne à Babylone et prépare sa chûte.	*Lacune.*		
87						
86	Manassé élève des autels à Baal, et souille son règne par la plus horrible cruauté.					
85						
84						
83						
82						
81						
80	— Selon la tradition, Manassé fait scier en deux le prophète **ISAÏE**, qui lui reprochait son impiété.	Asar-Addon s'empare de Babylone.	Babylone tombe au pouvoir du roi de Ninive.			
79		SECOND EMPIRE D'ASSYRIE formé par la réunion de Babylone et de Ninive.				
78		(*D'autres donnent pour date au second empire l'an 759, époque de l'avènement de Phul, fils de Sardanapale.*)				
77						
76						

ROIS DE ROME.	ANS de Rome.	GRANDE GRÈCE.	SICILE.	GRÈCE.	ÉGYPTE.
—		—	—	FIN DE LA DEUXIÈME GUERRE DE MESSÉNIE.	—
75	79	. . . .	. . . .	. . . .	. . . .
74	80	Les principales colonies de la Grande-Grèce étaient :	. . . .	Aristomène est fait prisonnier. Il s'échappe de la Céada, et retourne à Ira.	
73	81	Locres, fondée par Ajax, fils d'Oïlée.		. . . .	*Mort de Séthos.* — Anarchie.
72	82	Cumes, fondée vers 1130, qui donna naissance à Naples ;		(27me *Olympiade.*)	
71.—*Mort de Numa.*—Interrègne.—**TULLUS HOSTILIUS.**	83	Tarente, fondée en 777, mère-patrie d'Héraclée et de Brindes ;	. . . .	. . . .	Douze seigneurs se partagent le pouvoir.
70	84	Sybaris, fondée en 720 ;	—		
69	85	Crotone, fondée en 711.			
68	86	. . . . Rhégium, fondée par des Chalcidiens d'Eubée; elle accueillit une partie des Messéniens exilés du Péloponèse.	Les Messéniens fugitifs se retirent à Zancle, qui dans la suite porta le nom de Messane.	(28me *Olympiade*) — Prise d'Ira. FIN DE LA DEUXIÈME GUERRE DE MESSÉNIE.	
67. — Guerre d'Albe. — Combat des Horaces et des Curiaces.	87			La royauté est abolie en Arcadie après le supplice d'Aristocrate.	
66	88				
65. — Guerre contre les Fidenates et les Véiens. — Trahison de Metius Suffetius. — Destruction d'Albe.	89		Fondation d'Acra, colonie de Syracuse.		
64. — Prise de Fidènes.	90	. . . .	. . . .	(29me *Olympiade.*) — Combat naval entre les Corinthiens et les Corcyréens. — Orthagoras, premier tyran de Sicyone.	
63	91				
62	92				
61	93				
60	94	Époque de la puissance de ces colonies.	. . . .	(30me *Olympiade.*).	Construction du labyrint dit le labyrinthe des douz
59	95				
58	96	Vers ce temps **ZALEUCUS** donne des lois aux Locriens.	. . . .	*Cypselus, de la famille des Bacchiades (V. l'an 777) s'empare de la tyrannie à Corinthe. — Démarate se retire à Tarquinies en Étrurie.*	
57	97				
56	98	. . . .	. . . .	(31e *Olympiade.*).	**PSAMMÉTICHUS,** aid des Grecs de Carie d'Ionie, chasse les autre seigneurs et devient seu maître de l'Égypte.
55	99				
54	100				
53	101				
52. — Guerre contre les Sabins.	102	. . . .	. . . .	(32me *Olympiade.*)	
51. — Défaite des Sabins.	103	. . . .	Fondation d'Himère.		

Royaume de Juda.	Second Empire d'Assyrie.	Phénicie.	Lydie.	Médie.
75 ...	...	...	...	...
74				
73. — Invasion d'Asar-Addon. — Manassé est défait et pris par le roi d'Assyrie.	Asar-Addon s'empare de Jérusalem, et emmène Manassé en captivité.			
72 ...	Repentir de Manassé. — Révolte des Israélites de Samarie, réprimée par Asar-Addon qui les transporte au-delà de l'Euphrate, et les remplace par des colonies étrangères; origine des Samaritains.			
71. — Retour de Manassé. — Il rétablit le culte du vrai Dieu, à qui il reste fidèle pendant le reste de son règne.				Phraorte subjugue l'Asie-Mineure jusqu'au fleuve Halys.
70 ...	...	...	*Mort de Gygès.* — **ARDYS,** son fils.	
69				
68				
67 ...	*Mort d'Asar-Addon.* — Saosduchéus ou **NABUCHODONOSOR Ier**, son fils.			
66				
65				
64				
63				
62		*Lacune.*		
61				
60				
59				
58				
57				
56				
55. — Invasion de la Judée par Holopherne; Judith sauve Béthulie.	Nabuchodonosor défait Phraorte, roi des Mèdes, et s'empare de sa capitale; Holopherne, son général, ravage la Syrie et la Phénicie, et trouve la mort devant Béthulie.	...	...	Prise d'Ecbatane. — *Phraorte* est mis à mort. — **CYAXARE Ier**, son fils. Il relève le courage des Mèdes.
54				
53				
52				
51				

Rois de Rome.	Ans de Rome.	**Sicile.**	**Grèce.**	**Égypte.**
50. — Guerre contre les peuples Latins qui avaient dépendu d'Albe. — Elle dure 5 ans.	104			
49	105			
48	106		(33me *Olympiade*).	
47	107			Psammétichus achète *par* des présents l'élo[ignement] des Scythes qui ravageaient l'Asi[e]
46	108			Guerre avec le roi d'Assyrie Sarac, au suj[et] des limites des deux empires. Siége d'Azot[h], le plus long que cite l'histoire; il dura [29] ans.
45. — Trève avec les Latins. — Nouvelle défaite des Sabins.	109			
44	110		34me *Olympiade*). — Élis dispute en vain à Pise le droit de présider aux jeux Olympiques.	
43	111			
42	112			
41	113			
40	114		(35me *Olympiade*). — Naissance de Thalès, à Milet.	
39. — *Mort de Tullus Hostilius.* — **ANCUS-MARCIUS**, petit-fils de Numa.	115			
38. — Guerre contre les Latins. — Prise de Politoire.	116			
37	117			
36. — Les Latins s'emparent de Médullie, ville romaine.	118		(36me *Olympiade*).	
35	119	Fondation de Selinonte, colonie d'Hybla.		
34	120			
33. — Ancus reprend Médullie.	121			
32. — Lucumon, fils de Demarate (*V. Grèce*, 658) vient s'établir à Rome sous le nom de Tarquin.	122		(37me *Olympiade*.) Milet envoie des colonies sur les côtes du Pont-Euxin.	
31	123		Cyrène commence à être gouvernée par des rois. — **BATTUS**, premier roi.	
30	124			
29	125			
28	126		(38me *Olympiade*). — Fondation de Sinope, dans le Pont.	
27	127		*Mort de Cypsélus*, tyran de Corinthe (*V. l'an* 658). — **PÉRIANDRE**, son fils, lui succède.	
26	128			

Royaume de Juda.	**Second empire d'Assyrie.**	**Phénicie.**	**Lydie.**	**Médie.**
—	—	—	—	—
50	. . . .	. . . . .	. . . .	. . . .
49				
48	Nabuchodonosor Ier est défait par Cyaxare, qui l'assiége dans Ninive.		Règne d'Ardys.	Cyaxare, vainqueur de Nabuchodonosor, est arrêté par l'invasion des Scythes, qui battent ses armées et dévastent la Médie pendant 28 ans.
47	*Mort de Nabuchodonosor Ier.* — **SARAC** ou Chinaladan, son fils, prince efféminé.			
46				
45				
44				
43				
42	Sarac n'oppose aucune résistance à l'invasion des Scythes.		La Lydie et toute l'Asie occidentale sont ravagées par les Scythes.	
41				
40. — *Mort de Manassé.* — **AMON**, son fils, prince impie.		*Lacune.*		
39. — *Assassinat d'Amon.* — **JOSIAS**, son fils (8 ans), sous la tutelle de sa mère Idida.				
38				
37				
36				
35				
34				
33				
32. — Josias règne par lui-même.				
31				
30				
29				
28. — Il purifie le Temple et détruit l'idolâtrie.				
27. — Jérémie commence à prophétiser				
26				

Rois de Rome.	Ans de Rome.	Sicile.	Grèce.	Égypte.
25	129			
24	130		(39me *Olympiade*). — **DRACON**, archonte et législateur d'Athènes. Ses lois, trop sévères, ne tardèrent pas à tomber en désuétude.	
23	131	Camarine est fondée par Syracuse.		
22	132			
21	133		Corcyre fonde Epidamne (Dyrrachium).	
20	134		(40me *Olympiade*). — Guerre des Spartiates contre les Arcadiens de Tégée. — Défaite des Spartiates.	
19	135			
18. — Guerre contre les Véiens.	136			
17	137			*Mort de Psammétichus.* — **NÉCHAO** ou Nécos, son fils. (Création d'une grande marine. — Canal entre le Nil et la mer Rouge. — Tour de l'Afrique exécuté par des navigateurs Phéniciens.)
16. — Triomphe d'Ancus sur les Sabins.	138		(41me *Olympiade*).	
15	139			
14. — *Mort d'Ancus.* — **TARQUIN** (l'Ancien). Il fait exclure les fils d'Ancus Marcius.	140	Panætius usurpe l'autorité à Léontium.		
13	141	Il est le premier tyran en Sicile.		
12. — Guerre de 13 ans contre les Latins.	142		(42me *Olympiade*). — Pittacus chasse Méléagre, tyran de Mitylène.	
11	143			
10	144			
9	145			Néchao défait Josias, et à son retour emmène Joachas en captivité.
8	146		(43me *Olympiade*). — Les Mityléniens défèrent le souverain pouvoir à Pittacus.	
7	147			Nouvelle invasion en Assyrie. — Il s'empare de Carchemis.
6	148		(*Époque d'Alcée et de Sapho*).	Allié au roi de Juda, il est vaincu et repoussé par Nabuchodonosor.
5	149			
4	150		(44me *Olympiade*). — Les Spartiates sont vaincus pour la seconde fois par les Tégéates.	
3	151			
2	152		? Guerre de Salamine. — La ruse de Solon rend cette île aux Athéniens	
601	153			*Mort de Néchao.* — **PSAMMIS**, son fils.

	Royaume de Juda.		Second empire d'Assyrie.		Phénicie.	Lydie.	Médie.
25			**NABOPOLASSAR**, satrape de Babylone, se proclame indépendant et prend le titre de roi.	Sarac perd la Babylonie.			
24							
23							
22.	— Le grand-prêtre Helcias trouve dans le temple le livre de la loi, écrit de la main de Moïse.						
21							
20						*Mort d'Ardys.* — **SADYATTE.**	Cyaxare se débarrasse des hordes scythiques par la trahison.
19							
18						Il accueille les Scythes échappés au massacre.	
17							
16							
15			Nabopolassar, allié à Cyaxare, prend et détruit Ninive. Babylone devient le siége de l'empire d'Assyrie.	*Sarac,* vaincu, se donne la mort.			Il aide Nabopolassar à détruire Ninive et agrandit ses états du démembrement de l'Assyrie.
14							
13			(*D'autres placent la prise de Ninive à l'an 625*).				
12							
11							
10					*Lacune.*	*Mort de Sadyatte.* — **ALYATTE II.**	
9.	— *Josias* est tué à Mageddo. — Élection de Joachas, son troisième fils. Il est emmené par Néchao en Egypte, où il meurt.						
8.	— Joachim est mis sur le trône par Néchao. — Menaces et prédictions de Jérémie.						
7.			Néchao pénètre jusqu'à l'Euphrate. — La Palestine et la Syrie prennent les armes. — Il associe son fils à l'empire.				
6.	— Nabuchodonosor s'empare de Jérusalem et pille le temple.	CAPTIVITÉ DE BABYLONE, ou de 70 ans.	Nabuchodonosor repousse les Égyptiens et prend Jérusalem.				Cyaxare déclare la guerre au roi de Lydie, Alyatte.
5.	— Joachim recouvre sa couronne en se soumettant à un tribut.		*Mort de Nabopolassar.* — **NABUCHODONOSOR II** ou LE GRAND.				
4.	— Baruch lit devant les grands les prophéties de Jérémie.	Daniel sauve Suzanne.					
3		Songe de Nabuchodonosor expliqué par Daniel.					
2							
601.	— Joachim se révolte. La Judée est ravagée par les lieutenants de Nabuchod^r.		Médiation de Nabuchodonosor entre les rois de Lydie et de Médie.			Paix avec Cyaxare.	Une éclipse de soleil, prédite par Thalès, suspend les hostilités entre les deux rois.

Rois de Rome.	**Ans** de Rome.	**Sicile.**	**Grèce.**	**Égypte.**
600. — Tarquin triomphe des Latins.	154	Époque de **CHARONDAS** législateur de Catane et de Rhégium.	(45me *Olympiade*). — 1re guerre sacrée suscitée par l'impiété des Crisséens.	. . . .
99. — 1re guerre contre les Sabins.	155			
98. — Trève de six ans accordée aux Sabins.	156	. . . .	*Cylon* tente de rétablir la royauté à Athènes. Il est massacré avec ses partisans.	
97. — Guerre contre les Étrusques ; elle dure 10 ans. .	157	. . . .	. . . .	Expédition contre l'Éthiopie.
96	158	. . . .	(46me *Olympiade*). — Solon appelle à Athènes le Crétois Épiménide, qui ramène le calme par des expiations et de sages réglements.	. . . .
95	159	. . . .	. . . .	*Mort de Psammis.* — **APRIÈS**, son fils.
94	160	. . . .	**ARCHONTAT ET LÉGISLATION DE SOLON.**	
93	161	. . . .	Époque des Sept Sages.	Il défait le roi de Tyr dans un combat naval près de Sidon.
92	162	. . . .	(47me *Olympiade*). — Voyage en Grèce du Scythe Anacharsis.	
91	163		Les Jeux Pythiques rétablis à Delphes.	
90. — (*Des Gaulois, conduits par Bellovèse, occupent la Cisalpine. — Fondation de* **Milan.**)	164	. . .	Prise de Crissa. — *Fin de la 1re guerre sacrée.* — Le territoire des Crisséens est consacré à Apollon.	. . . . .
89	165			
88. — Soumission des Étrusques.	166	. . . .	(48me *Olympiade*).	
87. — Seconde guerre contre les Sabins ; elle se continue pendant 5 ans.	167	. . . .	. . . .	Secours inutile donné au roi de Juda contre Nabuchodonosor ; son armée est taillée en pièces.
86	168			
85	169	. . . .	*Mort de Périandre* à Corinthe (V. l'an 627). — **PSAMMÉTIQUE**, *son fils, lui succède ; à sa mort, les Corinthiens recouvrent leur liberté.*	. . . . .
84	170		(49me *Olympiade*).	
83	171			
82. — Les Sabins se soumettent.	172	Fondation d'**AGRIGENTE**, colonie de Géla. — Elle devient, après Syracuse, la plus puissante colonie de la Sicile.	Rétablissement des Jeux Isthmiques.	. . . .
81	173			
80	174		(50me *Olympiade*).	
79	175			
78. — *Assassinat de Tarquin (l'Ancien).* — **SERVIUS TULLIUS.** — Il doit son élévation à Tanaquil, veuve de Tarquin.	176			
77	177			
76. — Établissement du Cens et du Lustre.	178	. . . .	(51me *Olympiade*).	

	Histoire Sainte. Royaume de Juda.	**Histoire Sainte.** Captivité de Babylone.	**Second empire d'Assyrie.**	**Phénicie.**	**Lydie.**	**Médie.**
300						
99						
98.	— *Joachim mis à mort* — **JÉCHONIAS.** — Retour de Nabuchodonosor, qui l'emmène en captivité.		Nabuchodonosor II s'empare de Jérusalem et défait successivement Joachim et Jéchonias.		Alyatte II chasse les Scythes de ses états.	
97.	— Nabuchodonosor établit **SÉDÉCIAS**, oncle de Jéchonias, sur le trône de Juda.					
96.	— Conseils inutiles de Jérémie.					
95						*Mort de Cyaxare Ier*, **ASTYAGE**, son fils.
94						
93		Prédictions d'Ezéchiel captif à Babylone.				
92		Visions du prophète.				
91				**ITHOBAL II**, dernier roi de Tyr.		
90.	— Alliance avec Apriès; révolte de Sédécias.					
89.	— Jérusalem est assiégée.		Nabuchodonosor met de nouveau le siége devant Jérusalem.			Vers cette époque, selon quelques-uns, le Magisme fut apporté de Médie en Perse par le second Zoroastre, à qui l'on attribue le Zend-Avesta.
88.	— Jérémie est jeté en prison.		Il le lève pour marcher contre Apriès.			
87.	— Prise de Jérusalem. — **FIN DU ROYAUME DE JUDA.**		Défaite du roi d'Égypte. — *Sac* de Jérusalem; destruction du Temple; *Sédécias* a les yeux crevés et est emmené en captivité.			
86.	— Godolias, gouverneur de Judée pour Nabuchodonosor, est assassiné. — Fuite des Juifs qui entraînent avec eux Jérémie en Egypte.	Les trois jeunes Hébreux dans la fournaise.				
85			Nabuchodonosor met le siége devant Tyr.	Siége de Tyr. Il dure 13 ans.		
84						
83						
82			Pendant la durée du siége de Tyr, Nabuchodonosor bat les Sidoniens, les Ammonites, les Iduméens et les Moabites.		Paix conclue avec les Milésiens après une guerre de 12 ans.	
81						
80						
79						
78						
77						
76						

ROIS DE ROME.	ANS de Rome.	SICILE.	GRÈCE.	ATHÈNES.	ÉGYPTE.
75	179				
74	180				
73	181				
72	182		(52me *Olympiade*).	**SOLON** quitte Athènes après avoir fait jurer l'observation de ses lois.	Nabuchodonosor envahit l'Égypte ; il en est chassé par la peste.
71. — Guerre contre les Étrusques, qui refusent de reconnaître Servius Tullius. — 1er triomphe de Servius.	183				Guerre malheureuse contre les Cyrénéens.
70	184				*Apriès* est détrôné et mis à mort. — Élection d'**AMASIS**.
69	185				Amasis cède Naucratis aux Grecs.
68	186		(53me *Olympiade*). Les Tégéates défont les Spartiates pour la troisième fois.		
67. — Deuxième triomphe sur les Étrusques	187				
66	188	Phalaris, célèbre par ses cruautés, usurpe la tyrannie à Agrigente.	Les Tégéates sont vaincus à leur tour.		
65	189				
64. — Troisième triomphe	190		(54me *Olympiade*).		
63	191				
62	192			Retour de Solon.	
61	193			**PISISTRATE** s'empare de la souveraine autorité malgré l'opposition de Solon, qui s'exile de nouveau.	
60	194		(55me *Olympiade*).	Pisistrate est chassé par Lycurgue et Mégaclès.	
59	195			*Mort de Solon* en Chypre.	
58	196		*Mort d'Ésope* à Delphes.		
57	197				
56	198		(56me *Olympiade*.	Mégaclès rappelle Pisistrate à qui il donne sa fille, et qu'il oppose à Lycurgue.	
55	199				
54	200				
53	201				
52	202		(57me *Olympiade*).	Pisistrate est de nouveau dépouillé par Mégaclès, et reste onze ans en exil.	
51. — Après 20 ans de guerre, les Étrusques se soumettent.	203				

	Second empire d'Assyrie. Captivité de Babylone.	—	**Phénicie.** —	**Lydie.** —	**Médie.** —
5					
4					
3				Alyatte associe son fils Crésus à la royauté.	
2	— Les Juifs réfugiés en Égypte sont exterminés.	Nabuchodonosor s'empare de Tyr après 13 ans de siége. — Il envahit l'Égypte et porte ses armes jusqu'en Libye. — A son retour, il embellit et agrandit Babylone.	Les Tyriens se retirent avec leurs richesses dans l'île voisine. — Baal, 1er suffète de la nouvelle Tyr, qui égale bientôt la première en magnificence. Il se reconnaît tributaire du roi d'Assyrie.		
1					
0					
9		Orgueil de Nabuchodonosor. — Sa punition. — Gouvernement de son fils Evilmerodac.			
8					
7					
6					
5					
4					
3					
2		Nabuchodonosor recouvre la raison. — Sa mort. **EVILMERODAC.**	*Mort de Baal.* — Cinq suffètes lui succèdent jusqu'à l'an 554.		
1	— Evilmerodac tire Jéchonias de sa prison. — Daniel confond les prêtres de Baal. — Il est jeté dans la fosse aux lions.				
0		*Evilmerodac* périt assassiné. — **NÉRIGLISSOR,** son beau-frère.		La Phrygie devient province de la Lydie.	*Mort d'Astyage.* — **CYAXARE II** (Darius le Mède), son fils.
9				*Mort d'Alyatte II.* — **CRÉSUS.** Il accueille Ésope et Solon à sa cour.	
8					
7		Nériglissor forme le projet de conquérir la Médie.			Cyaxare appelle auprès de lui son neveu Cyrus.
6					
5		Nériglissor est tué en combattant Cyrus. — **LABOROSO-ARCHOD,** son fils.			Victoire de Cyrus sur Nériglissor.
4		Il périt assassiné. — **LABINIT** ou **NABONIT** (**BALTHASAR**), fils d'Evilmerodac.	La royauté est rétablie dans la nouvelle Tyr. Balator, premier roi.		
3	— Vision mystérieuse de Daniel.		*Mort de Balator.* — **MERBAL.**		
2					
1					

ROIS DE ROME.	ANS de Rome.	SICILE ET *Grande Grèce.*	CARTHAGE.	GRÈCE. SPARTE, ETC.	GRÈCE. ATHÈNES.	ÉGYPTE.
50. — Deuxième lustre.	204		Après une lacune de plus de trois siècles, Carthage reparaît dans l'histoire. (*V. l'an* 850.)			Amasis envahit l'île de Chypr et la rend tributaire.
49	205					
48	206	Les Agrigentins mettent à mort **Phalaris.** Il eut pour successeur Alcamène.		(58me *Olympiade*). — *Incendie du temple de Delphes.*		
47	207					Il se soumet volontairement Cyrus après la défaite du r de Lydie.
46	208			Les Spartiates prennent Tégée et soumettent l'Arcadie.		
45. — Troisième lustre.	209					
44	210			(59me *Olympiade*). — Hostilités entre les Spartiates et les Argiens. Les Spartiates s'emparent de Thyrée et de la Cynurie.		
43	211		Carthage soumet les villes voisines et s'empare de la Corse.			
42	212					
41	213					
40	214	**PYTHAGORE** *de Samos, vient s'établir à Crotone, et y fonde l'école italique.*		(60me *Olympiade*).		
39. — L. Tarquinius épouse Tullia (la jeune), veuve d'Aruns; elle arme son nouvel époux contre son père.	215			Naissance de Léonidas.		
38	216		Les Phocéens, réfugiés en Corse, défont sur mer les Carthaginois et les Tyrrhéniens réunis. Malgré leur victoire ils sont forcés de se réfugier les uns à Marseille, les autres à Rhégium.	*Amyntas Ier succède en Macédoine à Alcétas.*	Pisistrate remonte au pouvoir, qu'il conserve jusqu'à sa mort.	
37	217					
36	218		Sous la conduite de **MALÉE,** premier suffète connu, les Carthaginois s'emparent de presque toute la Sicile.	(61me *Olympiade*).	Première tragédie de Thespis. — Naissance de Thémistocle.	
35. — Rome est placée à la tête de la ligue latine.	219					
34. — *Assassinat du Servius Tullius.* — **TARQUIN LE SUPERBE.**	220					
33. — Pour assurer sa tyrannie, il s'allie aux étrangers.	221					
32. — Institution des Féries latines.	222			(62me *Olympiade*). — *Polycrate usurpe la tyrannie à Samos.*		
31	223		Malée est défait en Sardaigne et condamné à l'exil.			
30	224		Malée se venge en s'emparant de Carthage.	*Anacréon à la cour de Polycrate.*		
29	225					Amasis refuse de payer tribu à Cambyse.
28	226		*Malée* est assassiné en cherchant à tyranniser ses concitoyens. Il est remplacé par *Magon.*	(63me *Olympiade*).	*Mort de Pisistrate.* — **HIPPARQUE** et **HIPPIAS,** ses fils, succèdent à sa tyrannie.	
27	227					
26	228					*Mort d'Amasis.* — **PSAMMÉNIT** son fils.

	Hist. Sainte. — Captivité de Babyl.	**Second empire d'Assyrie.**	**Lydie.**	**Médie et Perse.**	**Nouvelle Tyr.**
50					
49			Réponse ambiguë de l'Oracle consulté par Crésus.		*Mort de Merbal.* — **IROM**, son fils. Il règne pendant 20 ans.
48		Alliance de Balthasar et de Crésus contre le roi des Mèdes.	Crésus est défait à **THYMBRÉE**. — Fin du royaume de Lydie.	La Lydie devient province de l'empire des Mèdes. — Les villes grecques de l'Asie Mineure passent sous la domination des Mèdes. — Conquête de l'Asie supérieure.	
47					
46					
45					
44					
43					
42			Conquête définitive des villes grecques de l'Asie Mineure par Harpagus, général de Cyrus. Les Phocéens, chassés de leur patrie, se réfugient en Corse.		
41					
40			Cyrus met le siége devant Babylone.		
39					
38		Prise de Babylone. — *Mort de Balthasar.* — Fin du second empire d'Assyrie.	Cyrus s'empare de Babylone.		La conquête de l'Assyrie fait passer la nouvelle Tyr sous la domination des rois de Perse. Elle conserve cependant ses rois particuliers.
37					
36	— **Fin de la captivité de Babylone.** — Célèbre édit de Cyrus, qui permet aux Juifs de retourner à Jérusalem sous la conduite de **Zorobabel** et de reconstruire le temple. Les Juifs sont gouvernés par les grands-prêtres. **Jésus** ou **Josué**, 1er grand-prêtre souverain.	*Mort de Cyaxare II.* — **CYRUS.** — **EMPIRE DES PERSES**, formé de la réunion de l'Assyrie, de la Lydie, de la Médie et de la Perse.			
35					
34					
33					
32					
31					
30		*Mort de Cyrus.* — **CAMBYSE**, son fils. — Tanoaxare, son frère, reçoit l'Arménie et la Médie.			
29	— Cambyse, sollicité par les Samaritains, défend de continuer la reconstruction du temple.				*Mort d'Irom.* — **MAPEN**, son fils. Il règne jusque vers l'an 477. (*Le peu de faits connus de l'histoire de la nouvelle Tyr seront indiqués à la colonne de l'empire des Perses*).
28					
27					
26	— (*V. la suite de l'Histoire Sainte, à la dernière colonne de la page 47*).	Expédition dirigée contre l'Égypte.			

Rois de Rome.	Ans de Rome.	Grande Grèce.	Carthage.	Grèce. Sparte, etc.	Grèce. Athènes.	Égypte.
25. — Les Sabins révoltés sont de nouveau soumis à un tribut.	229	. . . .	. . . .	. . . .	Naissance d'Eschyle.	**CAMBYSE** renverse *Psamménit* et subjugue l'Égypte qui devient province de l'empire des Perses. *(Pour la suite de l'Histoire d'Égypte, voir l'avant-dernière colonne de la page 49 et des suivantes.)*
24. — Les Volsques attaquent les Latins. — Tarquin leur enlève Suessa Pometia.	230	. . . .	Carthage est préservée des attaques de Cambyse par le refus des Phéniciens de prendre part à la guerre.	(64me *Olympiade*).	Les Pisistratides fondent une bibliothèque publique. Ils appellent auprès d'eux Anacréon, Simonide et d'autres poëtes.	
23	231			*Polycrate, tyran de Samos, est mis à mort par Orétès.*		
22	232					
21	233					
20	234	. . . .	. . . .	(65me *Olympiade*). — Naissance de **Pindare** à Thèbes.		
19	235					
18	236					
17. — Guerre contre Gabies. Elle dure sept ans.	237					
16	238	. . . .	. . . .	(66me *Olympiade*).		
15	239					
14	240	. . . .	. . . .	**Cléomène**, roi de Sparte, défait les Argiens, mais est repoussé d'Argos par le courage de **Télésilla**. Sparte domine sur le Péloponnèse.	*Bipparque* est assassiné par **Harmodius et Aristogiton**. — Tyrannie et cruautés d'**HIPPIAS**.	
13. — Construction du Capitole. — Livres Sibyllins. . . .	241					
12	242	. . . .	. . . .	(67me *Olympiade*).		
11. — Tarquin s'empare de Gabies et assiége Ardée, capitale des Rutules.	243					
10	244	Les Crotoniates, commandés par le célèbre athlète **Milon** détruisent **Sybaris**. Le luxe et la mollesse précipitent la décadence des villes de la grande Grèce.	. . . .	. . . .	**HIPPIAS EST CHASSÉ D'ATHÈNES.** — *Clisthène* accroît la puissance du peuple et établit l'ostracisme.	
9. — Expulsion des Tarquins. — **CONSULAT.** — **Brutus** et **Collatin**, premiers consuls. — Guerre contre les Véiens et les Tarquiniens.	245		Traité de commerce et de navigation conclu avec la république romaine.	**Cléomène** prend part à la lutte des partis qui divisent Athènes.	Isagoras, aidé de Cléomène, chasse Clisthène et les Alcméonides.	
8. — **PORSENNA**, roi de Clusium, prend les armes pour Tarquin.	246			(68me *Olympiade*)	Cléomène et Isagoras sont chassés à leur tour.	
7. — Dévouement d'**Horatius Coclès**. — **Mucius Scévola**.	247		. . . .	. . . .	Soumission de la Chersonèse de Thrace; domination sur les Cyclades.	
6. — **Clélie**. — Porsenna lève le siége de Rome.	248		. . . .	. . . .	Conquête de l'île d'Eubée. — Guerre d'Égine. — **Puissance navale d'Athènes.**	
5. — Guerre contre les Sabins.	249					
4. — Fidènes, Cameries et Véies se joignent aux Sabins. .	250	. . . .	. . . .	(69me *Olympiade*).		
3. — Le Sabin Atta Clausus (**Appius Claudius**) vient s'établir à Rome avec 5000 clients. — *Mort de* **Valérius Publicola**, consul pour la quatrième fois.	251	. . . .	. . . .	. . . .	Les Athéniens portent secours aux révoltés d'Ionie.	
2. — Les Sabins vaincus perdent une partie de leur territoire.	252					
501. — Octavius Mamilius, gendre de Tarquin, soulève les peuples Latins.	253					

(Voir pour la suite de l'Histoire Grecque, la page 49.)

Empire des Perses.	Histoire Sainte. Judée.	Histoire Sainte. Suse.
25. — Conquête de l'Égypte et de la Cyrénaïque. — Chypre soumise aux Perses.		
24. — Cambyse échoue dans son entreprise contre les Ammoniens et le roi d'Éthiopie. — Vengeances exercées sur les Égyptiens. — Il fait mourir son frère Tanoaxare.		
23. Révolte de Patisithès, qui fait monter sur le trône de Perse son frère, le mage Smerdis.		
22. — *Mort de Cambyse.* — L'usurpateur **Smerdis** est mis à mort; **MAGOPHONIE.**		
21. — Élection de **DARIUS**, fils d'**Hystaspe.** — Il épouse Atossa, fille de Cyrus. — (Artabaze, fils de Darius, Ier roi de Pont. — Lygdamis, Ier roi de Carie.)	**Darius** permet la reprise des travaux du Temple.	**Darius**, selon quelques auteurs, est l'**ASSUÉRUS** de l'Écriture. (*D'autres voient dans Assuérus ou* **Xerxès** *ou* **Artaxerxès-Longue-Main.**) Assuérus répudie Vasthi et épouse **Esther**, nièce de Mardochée.
20	Les prophètes Aggée et Zacharie excitent le zèle des Juifs.	
19		
18		
17. — Révolte de Babylone. — Darius en fait le siége.		
16 — Dévouement de **Zopire.** — La rébellion de Babylone est punie par le massacre de ses habitants.	Dédicace du nouveau Temple.	
15		
14. — Darius entreprend contre les Scythes d'Europe une expédition qui échoue. — Il laisse Mégabyze en Thrace. — Cyrène secoue le joug de Darius.		
13		
12		
11		
10. — **Hippias**, chassé d'Athènes, se réfugie auprès d'Artapherne, frère de Darius, et gouverneur de l'Ionie.		**Aman** l'Amalécite, favori d'Assuérus, irrité du mépris de Mardochée, jure la ruine des Juifs. — **Esther** sauve sa nation. — Supplice d'**Aman**.
9. — Darius fait reconnaître le cours de l'Indus par **Scylax** (le Carien).		
8. — Conquête de l'Inde. — Époque de la plus grande étendue de l'empire des Perses.		
7		
6		
5		
4. — Troubles de Naxos. — Révolte de l'Ionie soulevée par **Aristagoras**, gendre d'Histiée.		
3. — Prise de Sardes par les Ioniens et les Athéniens. — Incendie de cette ville.		
2. — Les Ioniens s'emparent de Byzance et de l'Hellespont, soulèvent la Carie et s'allient à Chypre révoltée.		
501. — Chypre, l'Hellespont et la Carie rentrent sous le joug des Perses.		

République Romaine.	Ans de Rome.	Grande Grèce.	Sicile. Géla.	Sicile. Syracuse.	Sicile. Agrigente.	Carthage.
500. — Ambassade à Rome pour demander le rappel des Tarquins.	254	*Mort de Pythagore*, âgé de 80 ans. On croit qu'il fut tué dans une émeute suscitée par les tyrans. — Les Pythagoriciens sont chassés d'Italie.	*Cléandre*, tyran de Géla depuis 503.			
99. — Siége de Fidènes.	255					
98. — Prise de Fidènes. — Les Latins marchent contre Rome. — Premiers troubles à l'occasion des dettes.	256					
97. — Création de la **DICTATURE.** — *Titus Lartius*, premier dictateur ; il bat les Latins et leur accorde une trève d'un an.	257			**Gouvernement aristocratique.**		
96. — Coalition des Latins et des Volsques. — *Aulus Postumius*, second dictateur.	258		*Cléandre* est tué. — **HIPPOCRATE,** son frère, lui succède. — Son règne est marqué par la défaite des Syracusains qui lui cèdent Camarine.			
95. — Défaite des Latins près du lac *Régille*. — Guerre déclarée aux Volsques. — Le consul Servilius les bat et triomphe malgré le sénat.	259	*Anaxilas*, tyran de Rhégium, s'empare de Messine.				
94. — *Mort de Tarquin* à Cumes. — Les Sabins, les Eques et les Volsques prennent les armes. — Manius Valérius, nommé dictateur, bat les Eques, et abdique, indigné de la mauvaise foi du sénat.	260	Les Crotoniates sont défaits près de la Sagra par les Locriens et les Rhégiens. — L'armée des Crotoniates s'élevait à 120,000 hommes.				
93. — *Retraite sur le Mont Sacré.* — **INSTITUTION DU TRIBUNAT.** — Election de cinq Tribuns. — Ediles.	261					
92. — Prise de Corioles. — Famine à Rome.	262					
91. — Blé fourni par Gélon.	263		*Hippocrate* est tué dans un combat contre les Sicules. — **GÉLON** s'empare de la tyrannie de Géla.			
90. — *Coriolan*, condamné à l'exil, se retire chez les Volsques.	264					
89. — Les Volsques, venus pour assister aux jeux Romains, sont chassés de Rome.	265				Après *Alcandre*, successeur d'*Alcamène* (Voir l'an 548), **THÉRON** exerce le pouvoir à Agrigente. (Selon Pindare, il descendait d'Œdipe.)	*Mort de Magon.*
88. — Coriolan, à la tête des Volsques, ravage le territoire romain. — Il assiége Rome et cède aux prières de sa mère Véturie.	266					Les Carthaginois refusent d'envoyer des troupes auxiliaires à Darius
87. — Guerre déclarée aux Volsques et aux Herniques.	267					
86	268					
85. — Triomphe de *Cassius* sur les Volsques et sur les Herniques. — **LA LOI AGRAIRE,** proposée par Cassius, indispose contre lui le sénat et le peuple. Il est précipité de la roche Tarpéienne.	269		Gélon, appelé par les Syracusains, cède Géla à son frère **HIÉRON.**	Les nobles, chassés de Syracuse, appellent **GÉLON,** qui s'empare du pouvoir.		
84. — Victoire remportée sur les Volsques.	270					
83. — Le peuple refuse de s'enrôler. — Les Consuls transportent leur tribunal hors de Rome.	271					
82. — Invasion des Eques et des Véiens repoussée.	272					
81. — L'armée de Cæso Fabius, victorieuse des Véiens, refuse de les poursuivre.	273					
80	274			Célèbre victoire d'**HIMÈRE** remportée sur les Carthaginois alliés de Xerxès.	Théron prend part à la victoire de Gélon.	Ils s'allient à Xerxès et envahissent la Sicile mais ils essuient une sanglante défaite à la bataille d'Himère, dans laquelle Amilcar est tué.
79. — Journée sanglante de Véies ; Manlius est tué, Fabius blessé. — Fabius refuse le triomphe. — 306 Fabius vont s'établir sur la Crémère.	275					
78. — Premier Proconsulat.	276	*Mort d'Anaxilas*, les Rhégiens consentent à obéir à l'un de ses esclaves, en attendant que son fils soit en âge de gouverner.	A la mort de Gélon, **HIÉRON** règne en même temps sur Géla et sur Syracuse.			
77. — Les 306 Fabius sont taillés en pièces près de la Crémère par les Véiens et les Etrusques. (Jour déclaré néfaste.)	277					
76. — Le consul Servilius chasse les Etrusques du Janicule. — Accusation portée par les Tribuns contre Ménénius.	278					

	Grèce. — Sparte.	Grèce. — Athènes.	Empire des Perses.	Égypte.	Histoire Sainte.
00	— (70me *Olympiade*).		Défaite des Milésiens.		
9			Aristagore abandonne l'Ionie et va périr en Thrace. — Intrigues d'Histiée.		
8			Victoire de *Lada*. — Prise de Milet. — Supplice d'Histiée.		
7			Chios, Lemnos, etc., tombent au pouvoir des Perses. — Soumission de l'Ionie.		
6	— (71me *Olympiade*).		**Guerres Médiques.**		
5		Naissance de Sophocle.	Première expédition. — Mardonius, gendre de Darius, envahit la Thrace et la Macédoine. — Sa flotte est détruite près du mont Athos, et son armée de terre est défaite par les Thraces.		
4					
3		Sparte et Athènes mettent à mort les hérauts de Darius.	Darius envoie des hérauts en Grèce demander la terre et l'eau. — Soumission des Éginètes.		
2	— (72me *Olympiade*). *Cléomène* (*Agide*) fait chasser son collègue *Démarate*, qui se retire en Perse, et est remplacé par *Léotychide*.				
1			Deuxième expédition. — Datis et Artapherne dévastent Naxos et détruisent Érétrie.		
0		*Miltiade*, vainqueur à **MARATHON**. — *Hippias* est tué dans le combat.	Défaite de *Marathon*.		
9	— Cléomène se tue dans un accès de folie. — **LÉONIDAS** (50 ans), son frère, lui succède.	Miltiade échoue devant Paros. Il est condamné et meurt en prison.			
8	— (73me *Olympiade*).	*Thémistocle* succède à *Miltiade* dans le commandement de la flotte. — Il soumet Égine et les Cyclades.			
7					
6				Première révolte des Égyptiens.	
5		*Prix de la tragédie remporté par Eschyle.*	*Mort de Darius Ier.* — **XERXÈS**, son fils.		Xerxès confirme aux Juifs de Jérusalem les priviléges accordés par ses prédécesseurs.
4	— (74me *Olympiade*).		Il soumet l'Égypte révoltée.	Elle est réprimée par Xerxès qui donne à l'Égypte pour gouverneur son frère Achémène.	
3		*Aristide* est exilé par l'*Ostracisme*.			
2	— *Démarate* instruit les Lacédémoniens des projets de *Xerxès*.				
1			Préparatifs d'une troisième expédition contre la Grèce. — Alliance avec les Carthaginois.		
0	— (75me *Olympiade*). — *Mort de* **LÉONIDAS** *aux Thermopyles*. — *Plistarque*, son fils, lui succède sous la tutelle de *Pausanias*.	Rappel d'Aristide. — Victoire d'*Artémisium*. — Prise et incendie d'Athènes. — Victoire de **SALAMINE**.	*Xerxès*, vaincu en Grèce, retourne honteusement dans ses états. — Les Grecs reportent la guerre en Asie.		
9	— *Pausanias*, vainqueur à *Platée*. — Léotychide et Xanthippe victorieux sur mer à *Mycale*.	Les Athéniens s'emparent de Sestos et de la Chersonèse de Thrace.	Les villes d'Ionie recouvrent leur indépendance.		
8		Thémistocle trompe les Spartiates. — Construction du Pirée. — Restauration d'Athènes.			
7	— Prise de Byzance. — Trahison et *mort de Pausanias*.	Bannissement de Thémistocle. — Les Athéniens sont placés à la tête de la Confédération grecque.	Les Grecs s'emparent de Chypre. — Xerxès corrompt Pausanias.		
6	— (76me *Olympiade*). — *Mort de Plistarque.* — *Plistoanax* (*Agide*).	Conquêtes de Cimon en Thrace.	(*Une révolte d'esclaves à Tyr met* STRATON *sur le trône*).		

République Romaine.	Ans de Rome.	Grande-Grèce.	Sicile. Syracuse.	Sicile. Agrigente.	Carthage.	Macédoine.
75. — Ménénius est condamné à une amende. Servilius est absous.	279	. . . . . .	. . . .	. . . .	. . . .	. . . .
74. — Siége de Véies. — Manlius Vulso accorde aux Véiens une trêve de 40 ans.	280	. . . . . .	Hiéron défend Cumes contre les Tyrrhéniens.			
73. — Troubles excités par la loi agraire. — Le tribun *Genucius* trouvé mort dans son lit. — Levée de troupes. — Résistance du centurion Volero.	281					Le royaume de Macédoine fondé par Caranus, princ Héraclide d'Argos (*Voye l'an* 799), sort de son obs curité, et commence prendre part aux affaire de la Grèce. **Alexandre Ier** fit reconnaî tre son origine grecqu par son admission au Jeux Olympiques.
72. — Tribunat de *Volero.* — Il demande que l'élection des tribuns soit transférée aux comices par tribus.	282	. . . . . .	Hiéron défait Thrasydée, tyran d'Agrigente. (A la cour d'Hiéron parurent **Simonide, Eschyle, Bacchylide, Pindare** et **Epicharme.**)	**Théron** est vainqueur aux Jeux Olymp. — **THRASYDÉE**, son fils et son successeur, est vaincu par **Hiéron** et tué par ses sujets. Les Agrigentins recouvrent leur liberté et adoptent la démocratie.		
71. — Le sénat consent à l'adoption de cette loi. — Incursion des Eques et des Volsques.	283					
70. — Les soldats se laissent vaincre en haine d'*Appius Claudius*. Il les décime.	284					
69. — Appius, accusé par les tribuns, se donne la mort.	285					
68. — T. Quinctius Capitolinus prend Antium aux Volsques.	286					
67. — Les terres des Antiates sont distribuées au peuple. — Les années suivantes ne sont marquées que par les incursions des Sabins, des Eques et des Volsques.	287	. . . . . .	*Mort d'Hiéron* à Catane. — **THRASYBULE**, son frère. — Tyrannie violente.			
66	288	*Lacune.*	Abdication de *Thrasybule*. — La démocratie est établie à Syracuse.			
65	289					
64. — Le consul Furius est assiégé dans son camp par les Eques. Formule: *Caveant Consules*. — Quinctius Capitolinus délivre Furius.	290					
63	291					
62. — Le tribun *Terentillus Arsa* demande une nouvelle législation. — Résistance des patriciens.	292					
61. — Condamnation de Cæso, fils de Cincinnatus.	293	. . . .	Guerre civile à Syracuse.			
60. — Le Sabin *Herdonius* s'empare du Capitole. — *Cincinnatus*, nommé consul, rétablit l'ordre et retourne à sa charrue.	294	. . . . .	. . . .	. . . .	Les Carthaginois achèvent de se rendre indépendants des peuples d'Afrique. — **Autel des frères Philènes.** — Établissement du **Centumvirat** pour limiter la puissance de la famille Magon et celle des généraux.	
59. — Les Eques s'emparent de Tusculum, et les Volsques reprennent Antium.	295					
58	296					
57. — Cincinnatus, nommé dictateur, délivre Minucius. — Rappel de Céson.	297					
56. — *Le nombre des Tribuns est porté* à 10. Ils obtiennent le droit de convoquer le sénat.	298	. . . . . .	*Mort d'Eschyle* à Géla.			
55. — Troubles à cause de la loi *agraire* et de la loi *Terentilla*. — Plaintes de *Siccius Dentatus* au peuple.	299					
54	300	. . . . . .	Établissement du **Pétalisme.**	. . . .	. . . .	*Mort d'Alexandre Ier*. **Perdiccas II,** son fils.
53. — Trêve momentanée aux dissensions publiques. — Trois patriciens vont en Grèce recueillir les lois d'Athènes et des autres villes.	301	. . . . . .	Guerre heureuse contre les Tyrrhéniens.			
52	302					
51. — Retour des députés. — Cessation de toutes les magistratures. — **DÉCEMVIRAT.**	303					

Grèce.		Emp. des Perses.		
Sparte et *Péloponnèse*.	Athènes.	—	Égypte.	Hist. Sainte.
75 — (Rois : **Plistoanax** et **Léotychide.**)				
74				
73				
72. — (77me *Olympiade*).		*Mort de Xerxès, assassiné par Artabane qui règne pendant 6 mois.*		
71	Thémistocle, condamné comme complice de Pausanias, quitte Argos et se réfugie en Épire et de là en Perse.	**ARTAXERXÈS Ier**		
70	**Cimon** rend la liberté aux villes de Lycie et de Carie. — Double victoire remportée le même jour par Cimon.	(Longuemain) tue Artabane. — Il soumet son frère Hydaspe.		
69. — *Léotychide* est déposé et remplacé par son petit-fils **ARCHIDAMUS II.** — Tremblement de terre. — Révolte des Hilotes et des Messéniens. — Troisième guerre de Messénie.	(**Sophocle** *remporte sur Eschyle le prix de la Tragédie*).			
68. — (78me *Olympiade*).	Conquêtes des Athéniens en Thrace; ils attaquent Thasos qui résiste pendant 3 ans).			
67. — Léotychide meurt exilé à Tégée. — Les Spartiates demandent le secours des Athéniens, ils le rejettent ensuite et blessent ainsi leur orgueil.	*Mort d'Aristide.*			
66	Les Grecs, d'alliés qu'ils étaient, deviennent tributaires d'Athènes.			
65				
64. — (79me *Olympiade*).				
63	L'expédition préparée contre Chypre est envoyée en Égypte au secours d'Inarus.	L'Égypte tente de secouer le joug des Perses.	Deuxième révolte des Égyptiens. Ils élisent pour roi **Inarus**, fils de Psammétichus.	**ESDRAS**, prêtre et docteur, ramène à Jérusalem les Juifs restés en Perse.
62				
61		*Mort de Thémistocle* à Magnésie.	Secouru par les Athéniens, il défait Achémène.	
60. — 80me *Olympiade*). — Fin de la troisième guerre de Messénie. — Les Athéniens établissent à Naupacte les Messéniens exilés. — *Les Éléens détruisent Pise de fond en comble.*	Exil de **Cimon**. — Influence de **Périclès**. — L'Archonte Ephialte diminue l'autorité de l'Aréopage.			
59. — (*Les Argiens répriment la révolte de Mycènes*).	Léocrate force les Éginètes à livrer leur flotte.			
58	Les Athéniens sont chassés d'Égypte. — Désastre de leur retraite.	Mégabyze réprime la révolte des Égyptiens.	Défaite d'Inarus. Emmené à Suse, il fut mis en croix en 456, aux sollicitations d'Amestris.	
57. — Les Spartiates vainqueurs à Tanagre ravagent le territoire de Mégare.	Les Athéniens défaits à Tanagre réparent cet échec et soumettent la Phocide et la Béotie.			
56. — (81me *Olympiade*). — **HÉRODOTE** *lit une partie de son histoire aux Jeux Olympiques*).	Tolmidas brûle la flotte des Spartiates dans le port de Gythium.			
55	Cimon est rappelé de l'exil.			
54				
53	(Les Députés romains viennent en Grèce chercher les lois de **Solon**).			*Néhémie*, grand échanson d'Artaxerxès, vient à Jérusalem, qu'il fait fortifier.
52. — (82me *Olympiade*).				
51				

RÉPUBLIQUE ROMAINE.	ANS de Rome.	GRANDE GRÈCE.	SICILE.	CARTHAGE.	MACÉD. et *Thrace.*
50. — Adoption des 10 Tables. — Appius réélu avec neuf autres collègues. — Ils se rendent odieux par leur tyrannie.	304		Les Sicules, sous la conduite de **Deucétius**, tentent de chasser de la Sicile les colonies grecques. — **Deucétius**, vainqueur dans un premier combat, est ensuite défait. Il se soumet et est exilé à Corinthe.		
49. — Rédaction des deux dernières tables. — Les Décemvirs se continuent dans leur magistrature. — Incursion des Sabins et des Eques. — *Assassinat de Dentatus* — *Virginie* immolée par son père. — Abdication forcée des Décemvirs.	305				
48. — Défaite des Sabins et des Eques.	306				
47	307				
46	308		Sur la foi d'un oracle, Deucétius reparaît en Sicile.		SUITE DU RÈGNE DE **PERDICCAS II.**
45. — *Canuleius* demande le mariage entre les deux ordres ; et le collége entier des tribuns, le partage du consulat.	309		*A cette époque Empédocle florissait à Agrigente.*		
44. — Les Ardéates, les Eques et les Volsques prennent les armes. — Le sénat admet la loi *Canuleia.* — Institution du *Tribunat militaire.* — Les premiers tribuns militaires abdiquent et sont remplacés par des consuls.	310	Une colonie athénienne fonde Thurium sur les ruines de Sybaris.			
43. — Création de la **CENSURE** ; on nomme les deux consuls sortis de charge.	311			*Lacune.*	
42. — Geganius triomphe des Volsques	312				
41	313	Quelques auteurs placent vers cette époque, **Zaleucus** à Locres, et **Charondas** à Thurium. Selon eux, ils essayèrent de relever les institutions pythagoriciennes. (D'autres, au contraire, placent Zaleucus vers 670 et Charondas vers 600. *Voir pages* 40 et 34).	La mort arrête les projets de Deucétius. — Syracuse achève la destruction des Sicules. Elle opprime les colonies Ioniennes de Naxos, de Catane et de Léontium.		
40. — Famine. — *Spurius Mælius* veut s'élever à la royauté.	314				
39. — Deuxième dictature de *Q. Cincinnatus.* — *Servilius Ahala* tue *Sp. Mælius.* — Tribuns militaires patriciens. — La colonie romaine de Fidènes se donne aux Véiens.	315				
38. — Les Fidenates sont défaits par le Consul Sergius et par le dictateur Æmilius ; *Corn. Cossus* tue *Lars Tolumnius* ; deuxièmes dépouilles opimes.	316				
37	317				
36	318				Perdiccas II, irrité de l'appui que les Athéniens avaient donné à son frère Philippe, se joint à leurs ennemis.
35. — Le dictateur *Servilius Priscus* prend Fidènes par le moyen d'une mine. — Il est surnommé *Fidenas.*	319				
34. — La Censure est réduite à 18 mois (Elle avait été établie pour cinq ans.) — Le peuple élit encore des tribuns militaires patriciens.	320				
33	321				
32	322				
31	323				Perdiccas II et *Térès, roi des Thraces-Odryses*, gagnés par les Athéniens embrassent leur parti.
30. — Élection de consuls. — *Postumius Tubertus*, nommé dictateur, bat les Eques et les Volsques.	324				
29. — Trêve de 8 ans accordée aux Eques.	325				
28	326				*Mort de Térès.* — **SITALCÈS**, *son fils.*
27	327		Révolte des Léontins. — L'orateur Gorgias obtient pour eux le secours d'Athènes. — Malgré cette alliance, les Syracusains s'emparent de Léontium et en transportent les habitants à Syracuse.		*Il étendit sa domination en Thrace, et fut l'allié des Athéniens pendant la guerre du Péloponnèse.*
26. — Quatre tribuns militaires. — Guerre contre les Véiens. — Nouvelle révolte de Fidènes. — Elle est soumise par le dictateur Æmilius Mamercinus.	328				

Grèce. Sparte.	Athènes.	Empire des Perses. —	Égypte.	Histoire Sainte.
50. — (Rois **Archidamus** et **Plistoanax**.)	Paix de cinq ans avec Sparte. — Expédition de Chypre. — Victoires sur terre et sur mer.			
49	**PAIX DE CIMON.** — Sa mort. — Lutte entre **Périclès** et Thucydide, beau-frère de Cimon.	Paix honteuse imposée au grand roi par **Cimon.**		
48. — (83me *Olymp.*). Les Spartiates tentent en vain d'enlever aux Phocidiens l'intendance du temple de Delphes.	Périclès repousse l'invasion de Plistoanax. — Conquêtes maritimes. Périclès revient chargé de butin.	Amestris obtient le supplice d'Inarus. — Révolte de Mégabyse.		
47		Mégabyse défait deux armées persanes et dicte les conditions de la paix.		
46	Périclès soumet l'Eubée et Mégare révoltées. — Échec de Tolmidas devant Thèbes. — *Trêve de 30 ans* entre Athènes et Sparte.	**Artaxerxès,** pendant le reste de son règne, subit l'influence de sa mère **Amestris** et de sa femme **Amytis.**		
45	Colonies envoyées dans la Chersonèse, la Thrace et la Grande-Grèce.			
44. — (84me *Olympiade*).	**Périclès** fait exiler son rival **Thucydide,** et domine seul à Athènes.			
3	Construction du Parthénon par Ictinus et Callicrate.			
42	A cette époque fleurissent **Sophocle, Euripide, Aristophane, Anaxagore, Phidias, Zeuxis,** etc.			Le départ de **Néhémie** pour la Perse est suivi de désordres,
41				
40. — (85me *Olympiade*).	Révolte de Samos. — Elle est reprise par Périclès après un siége de neuf mois.		Pendant cette période, l'Égypte reste soumise aux Perses.	Prédictions de **Malachie,** dernier prophète.
39	*Guerre entre Corcyre et Corinthe au sujet d'Épidamne.*			
38				
37	D'après le conseil de Périclès, Athènes prend parti pour les Corcyréens.			
36. — (86me *Olympiade*).	La flotte de Corcyre défait celle des Corinthiens, près des îles Sybota.			
35	Révolte de Potidée. — Elle est assiégée par les Athéniens.			
34				
33				
32. — (87me *Olympiade*). — Les alliés sollicitent le secours de Lacédémone.	Décret contre Mégare. — Périclès fait rejeter les plaintes des alliés.			
Guerre du Péloponnèse.				
31. — Tentative des Thébains sur Platée. — Archidamus envahit l'Attique.	Périclès ravage les côtes du Péloponnèse. — **PESTE D'ATHÈNES** (Elle dure cinq ans).			
30. — Nouvelle invasion des Spartiates.	Périclès, condamné à une amende, est bientôt rappelé au pouvoir. — Prise de Potidée. — *Mort de Périclès.*	**Hippocrate** refuse les présens d'Artaxerxès.		
29. — Les Péloponnésiens assiégent Platée.	Phormion vainqueur sur mer. — Bataille navale de Rhium.			
28. — (88me *Olympiade*).	Révolte de Lesbos.			
27. Prise et destruction de Platée. — *Mort d'Archidamus II.* — **AGIS II,** son fils.	Prise de Mytilène. — Châtiment sévère des Lesbiens. — *Violentes séditions dans Corcyre.* — Athènes la maintient dans sa dépendance.			
26	Démosthène prend Pylos. — Cléon s'empare de l'île de Sphactérie.			

RÉPUBLIQUE ROMAINE.	ANS de Rome.	SICILE.	CARTHAGE.	MACÉDOINE.	THRACE.
25. — Trêve de 20 ans accordée aux Véiens. (*Les Samnites enlèvent Capoue aux Étrusques.*)	329				
24	330	La paix est rétablie entre les villes de Sicile; retraite des généraux athéniens.		Perdiccas retourne au parti des Spartiates et seconde Brasidas.	*Sitalcès est tué.* — **SEUTHÈS Ier**, son neveu.
23. — Dans un combat contre les Volsques, le Décurion Tempanius répare l'imprudence du Consul Sempronius.	331				
22	332				
21	333				
20	334				
19. — Création de deux questeurs pour l'armée.	335				
18	336				
17	337			Guerre avec Athènes.	
16. — Dissensions des tribuns militaires. — Ils sont défaits par les Eques. — Le dictateur *Servilius Fidenas* répare cet échec et s'empare de Lavicum.	338	Démêlés entre Egeste et Sélinonte. — *Syracuse* prend parti pour Sélinonte. — Les Egestins obtiennent le secours d'Athènes.			
15	339	**Nicias** met le siége devant Syracuse.			? *Mort de Seuthès Ier.* — *Mœsade.*
14	340	**Lamachus** est tué. — Arrivée du lacédémonien Gylippe.			
13	341	Destruction de l'armée athénienne			? *Les Odryses chass[...] Mœsade et prenne[...] pour roi son frère M[...] docus. — Mort de Mo[...] sade laissant un f[...] en bas âge, Seuthès I[...]*
12. — Postumius Regillensis, tribun militaire, est lapidé par ses soldats.	342	**Dioclès** réforme la constitution de Syracuse.			
11. — Les Volsques ravagent les terres des Herniques et sont repoussés par les Romains.	343	Syracuse envoie Hermocrate au secours des Spartiates.			
10	344	(*Les Egestins appellent les Carthaginois en Sicile*).	Annibal, fils de Giscon, est envoyé au secours d'Egeste contre Sélinonte.	*Mort de Perdiccas II.* — **ARCHÉLAÜS Ier**, son fils naturel, usurpateur, s'ouvre le chemin du trône par des assassinats.	
9	345		Défaite des Selinontins.		
8	346		Annibal prend et rase Sélimonte qu'il permet ensuite de rebâtir. — Prise d'Himère.		
7. — Premiers questeurs plébéiens. — Incursions inutiles des Eques et des Volsques.	347		Nouvelle expédition en Sicile.	Protecteur des arts et des lettres, il appela à sa cour Agathon, Euripide et Zeuxis.	
6. — Victoire du dictateur Corn. Cossus. — Fin de la trêve avec les Véiens.	348	**DENYS** est promu au commandement de l'armée.	*Mort d'Annibal.* — Imilcon s'empare d'Agrigente.		
5. — Prise d'Anxur (*Terracine*). — Solde pour l'infanterie. — **Siége de Véies.**	349	Il usurpe la tyrannie.			
4	350	Vaincu par les Carthaginois, il punit la révolte de Syracuse. — Paix avec Carthage.	Carthage dicte la paix à Syracuse.		
3	351	**Denys** soumet Enna, Catane, Naxos, Messine.			
2. — Solde pour la cavalerie. — Désormais Rome peut entreprendre de plus longues expéditions.	352	Il s'allie avec les Locriens.			
401	353				

GRÈCE.		EMPIRE DES PERSES.		
SPARTE.	ATHÈNES.	—	ÉGYPTE.	HIST. SAINTE.
5. — (Rois : **Agis II** *et* **Plistoanax**).	Nicias prend Cythère.	. . . .	. . . . . .	. . . . . .
4. — 89me *Olympiade*. — Mégare se rend aux alliés. — Brasidas s'empare d'Amphipolis et de Torone.	Prise de Nisée et de Thyrée. — Victoire de Tanagre. — Défaite de Délium. *Thucydide* (l'historien), ne peut sauver Amphipolis, mais il conserve Eion.	*Mort d'Artaxerxès*. — **XERXÈS II** assassiné par son frère naturel **SOGDIEN**.		
3	Exil de *Thucydide*. — Trêve d'un an. — (*Aristophane fait jouer les Nuées*).	*Sogdien* mis à mort par **OCHUS** ou **DARIUS NOTHUS**. (Il subit pendant son règne la tutelle de sa femme Parysatis.) — Révolte de son frère Arsitès. — Elle est réprimée et Arsitès mis à mort.		
2	Nouvelle rupture. — Bataille d'Amphipolis ; *mort de Cléon et de Brasidas*.			
1 . . . . Trève de 50 ans entre	Athènes et Sparte ou **PAIX DE NICIAS.**			
0. — (90me *Olympiade*). — Plusieurs peuples du Péloponnèse se liguent contre la domination de Sparte.	Alcibiade détermine les Athéniens à faire alliance avec les Argiens.			
9	Les Argiens, avec le secours d'**Alcibiade**, s'emparent d'Orchomène.			
8. — La victoire de Mantinée rétablit la puissance de Sparte dans le Péloponnèse.				
7	Guerre contre Perdiccas. — Siége de Mélos.			
6. — (91me *Olympiade*.)	Mélos est prise et saccagée. — Guerre résolue contre Syracuse.			
5	Expédition en Sicile. — Mutilation des Hermès. — Départ et rappel d'Alcibiade. — Il se réfugie à Sparte.	. . . .	. . . . . .	Retour de *Néhemie*. — Il réprime les abus qui avaient reparu pendant son absence.
4	Succès en Sicile arrêtés par Gylippe.	Révolte de Pisuthnès, satrape de Lydie.	Troisième révolte des Égyptiens. — Ils chassent les Perses et forcent *Darius Nothus* à reconnaître leur roi *Amyrtée*.	
3. — Agis fortifie Décélie par les conseils d'Alcibiade.	L'armée est détruite en Sicile. — Défection des alliés d'Athènes.	Tissapherne conclut un traité d'alliance avec Sparte.		La construction du *Temple de Garisim* consomme le *schisme de Samarie*.
2. — (92me *Olympiade*.) — Alcibiade abandonne le parti de Sparte.	Exil d'Hyperbolus ; abolition de l'ostracisme. — Alcibiade, réfugié en Perse, négocie son retour. — Abolition de la démocratie.	Alcibiade cherche un refuge auprès de Tissapherne qu'il engage à tenir la balance entre Athènes et Sparte.		
1. — *Mort de Plistoanax*. — **Pausanias**, son fils, Agide.	Oligarchie tyrannique des 400. — L'armée de Samos rappelle Alcibiade. — Les 400 sont remplacés par les 5,000. — L'exil d'Alcibiade est révoqué.			
0	Alcibiade conduit la flotte athénienne à Cysique et à Chalcédoine. — Il bat Hermocrate et Pharnabaze.			
[illegible]	Il s'empare de Cysique et de Périnthe.			
[illegible]. — (93me *Olympiade*).	Sparte demande la paix, Athènes la refuse. — Alcibiade prend Selymbrie, Chalcédoine et Byzance.	. . . .	*Amyrtée* périt dans un combat livré contre Darius. — Pausiris règne au nom des Perses.	
[illegible]	Retour triomphant d'*Alcibiade* à Athènes — Il se rend à Samos. — Il est déposé et remplacé par 10 généraux.	Darius Nothus donne à son fils Cyrus (le jeune) le gouvernement de l'Asie-Mineure. — Cyrus s'allie avec Lysandre.		
. . . .	Combat des Arginuses ; Callicratidas est tué. — Punition des généraux vainqueurs.		? *Mort de Pausiris*. — **PSAMMÉTIQUE II.**	
[illegible]. — Lysandre remplace Callicratidas.	Défaite d'*Ægos-Potamos*. — Conon se retire en Chypre auprès d'Évagoras.	Les cruautés de Cyrus le font rappeler à Suses.		
[illegible]. — 94me *Olympiade*). — Les richesses apportées par Lysandre, forment le trésor public de Sparte.	**PRISE D'ATHÈNES.** — Fin de la guerre du Péloponnèse. — Tyrannie des *Trente*. — Mort de Théramène. — Alcibiade est assassiné en Phrygie.	*Mort de Darius Nothus*. — **ARTAXERXÈS II MNÉMON.** — *Cyrus*, renvoyé en Asie-Mineure.		
[illegible]. — Agis attaque les Éléens.	Les *Trente* sont chassés par *Thrasybule* et remplacés par les *Dix*, qui invoquent le secours de Lysandre.			
[illegible]	*Thrasybule*, soutenu par Pausanias, chasse les *Dix*. — Rétablissement de la démocratie. — *Célèbre amnistie*.	*Cyrus* demande du secours contre son frère aux Lacédémoniens.		
01. — Les Messéniens sont chassés de Naupacte. — Domination de Sparte sur presque toute la Grèce.	. . . .	*Cyrus* est tué à *Cunaxa*. — Retraite des dix mille. — Assass. de *Cléarque*, remplacé par Xénophon.		

RÉPUBLIQUE ROMAINE.	ANS de Rome.	SICILE.	CARTHAGE.	MACÉDOINE.	THRACE.
400	354	. . . .	. . . .	. . . .	. . . .
99. — On nomme pour la première fois des tribuns militaires plébéiens.	355	Denys se prépare à renouveler la guerre contre Carthage,	Levée de troupes contre Denys. . .	. . . .	Seuthès II recouvre, av le secours de Xén phon, la dominati des villes maritime (Les Thraces Odrys restent sous des r particuliers).
98. — Peste à Rome; *Lectisternium*.	356	Il épouse Doris de Locres.	. . . .	*Archélaüs* périt assassiné. — **ORESTE,** mineur, sous la tutèle d'Æropas.	
97. — L'oracle de Delphes est consulté sur l'issue du siége de Véies.	357	Deuxième guerre contre Carthage. — Denys s'empare de presque toutes les villes alliées des Carthaginois.	Guerre en Sicile.		
96	358	Il est assiégé dans Syracuse par Imilcon. — La peste et une sortie le délivrent.	Imilcon détruit Messine et assiége Syracuse. Il est chassé par la peste.	*Oreste* est tué par **ÆROPAS** ou Archélaüs II.	
95. — **Camille** est nommé Dictateur. — **PRISE DE VÉIES.** — Triomphe de **Camille.**	359	. . . .	Les Africains échouent dans leur attaque contre Carthage.		
94. — Camille et le Sénat s'opposent à la translation du peuple à Véies.	360	Denys répare Messine qui bientôt se révolte. — Il la reprend par ruse.	. . . .	*Mort d'Æropas.* — **PAUSANIAS,** son fils.	. . . .
93. — La générosité de Camille lui ouvre les portes de Falèries.	361	Denys défait Magon et attaque Rhégium, la clé de l'Italie.	Magon est repoussé par *Denys*. . .	*Mort de Pausanias* tué par **AMYNTAS II.**	
92. — Rétablissement temporaire du consulat après 15 ans d'interruption.	362	Traité avec Carthage qui lui cède Tauromenium et son territoire.	Paix avec *Denys*; elle dure 13 ans.	. . . .	. . . .
91. — Célébration des grands jeux voués par Camille.	363	. . . .	. . . .	Argée, frère de Pausanias, chasse Amyntas II.	
90. — Élection des tribuns militaires. — **EXIL DE CAMILLE.** — **PREMIÈRE INVASION DES GAULOIS.** — Défaite de l'Allia. — Manlius sauve le Capitole. — Camille, dictateur, chasse les Gaulois.	364	*Premier voyage de* **PLATON** *en Sicile. — Il s'attire la colère de Denys qui le fait vendre comme esclave.* — Nouvelle attaque sur Rhégium. — Traité avec les Gaulois.	. . . .	. . . .	(**AMADOCUS** *règne s les Odryses.*)
89. — Reconstruction de Rome. — Les peuples voisins reprennent les armes.	365	Prise d'Hipponium et de Caulonia. — Défaite des Locriens.	. . . .	**AMYNTAS II** remonte sur le trône de Macédoine. (Quelques auteurs voient en lui deux personnages du même nom.)	
88. — Troisième dictature de Camille. Il défait les Eques, les Volsques et les Etrusques.	366	Paix accordée aux villes d'Italie.			
87	367	Prise de Rhégium.			
86	368				
85. — Nouveau soulèvement des Volsques.	369	Colonies fondées sur l'Adriatique. — Alliance avec les Illyriens. — Denys rétablit sur son trône Alcétas, roi d'Épire.			
84. — Conspiration de **Manlius Capitolinus.** — Dictature et triomphe d'A. Corn. Cossus.	370	Il ravage les côtes de l'Étrurie et pille le temple d'Agyla.			
83. — Manlius est précipité de la roche Tarpéienne.	371	Troisième guerre contre Carthage. — Denys, d'abord vainqueur, puis vaincu achète la paix.	Magon retourne en Sicile. — Il est tué et remplacé par son fils Magon II, qui défait complètement Denys.	Naissance de *Philippe*.	
82	372				
81	373				
80. — Nouvelle victoire de Camille sur les Volsques et les Etrusques.	374	. . . .	. . . .	Amyntas transporte la résidence royale d'Edesse à Pella.	? *Mort de Seuthès II.* **COTYS Ier.**
79. — T. Q. Cincinnatus prend 10 villes en 10 jours et abdique la dictature.	375	. . . .	Affaiblis par la peste, les Carthaginois ne répriment qu'avec peine les révoltes des Africains et des Sardes.		
78	376				
77	377				
76. — Soumission d'Antium. — **LICINIUS STOLON** et **SEXTIUS** demandent la diminution des dettes, une loi agraire et le partage du consulat.	378				

Grèce.			Empire des Perses.	Égypte.	Histoire Sainte.
Sparte.	Thèbes.	Athènes.	—	—	
400. — (95me *Olympiade*). — (*R. Pausanias et Agis II*). . .	. . . .	*Procès et mort de Socrate.*	Xénophon ramène les restes des 10,000 à Parthenium.	. . . .	. . . .
99. — *Mort d'Agis II.* — **AGÉSILAS-LE-GRAND**, son frère. *Thymbron* prend à sa solde les restes des 10,000, et attaque Tissapherne.	. . . .	. . . .	Tissapherne reçoit les provinces du jeune Cyrus.		
98. — Il est remplacé par *Dercyllidas* qui consolide en Asie l'autorité de Sparte.	. . . .	. . . .	Trève conclue avec Dercyllidas.		
97. — **EXPÉDITION D'AGÉSILAS.** — Il disgracie Lysandre et ravage la Carie et la Phrygie.	. . . .	. . . .	. . . .	. . . .	Joathan ou Jean, succède à son père Joïada. Il tue dans le temple même son frère Jésus, qui lui disputait la tiare.
96. — (96me *Olympiade*). — Vainqueur de Tissapherne sur le Pactole, Agésilas marche contre Pharnabaze.	. . . .	. . . .	Tissapherne, battu par Agésilas, est assassiné et remplacé par Tithrauste. — Révolte d'Evagoras, roi de Chypre.		
95. — Défaite et mort de *Lysandre* à Haliarte. — *Pausanias* s'exile à Tégée, et est remplacé par **AGÉSIPOLIS I**er. — Rappel d'Agésilas.	Coalition contre Sparte. — Thèbes attaque les Phocidiens. — Victoire d'Haliarte. — Bataille de Némée.	Thrasybule est envoyé au secours des Thébains.	Le rappel d'Agésilas sauve l'empire des Perses.	*Mort de Psammétique II.* — **NÉPHÉRÉE.** Il fait alliance avec les Lacédemoniens.	
94. — Agésilas, quoique vainqueur à *Coronée*, rentre dans le Péloponnèse.	Bataille de Coronée.	Athènes se ligue ouvertement avec les ennemis de Sparte. — Victoire navale de *Cnide*.	Conon et Pharnabaze défont la flotte lacédémonienne près de Cnide.		
93. — Guerre de Corinthe entre Sparte et les alliés. — Elle se continue pendant 6 ans autour de cette ville sans événemens décisifs.	. . . .	Conon relève les murs d'Athènes avec l'argent et par les mains des Perses.			
92. — (97me *Olympiade*).	. . . .	Il emploie la flotte persane à rétablir la domination d'Athènes sur les mers.			
91. — Propositions faites en vain à Artaxerxès pour le détacher de la ligue.	. . . .	(*Mort de l'historien Thucydide*). . .	Tiribaze, meurtrier de Conon, est disgracié et remplacé par Struthas, favorable aux Athéniens.		
90	. . . .	Thrasybule prend Byzance et est tué en attaquant les terres du roi de Perse.			
89	. . . .	Athènes soutient la révolte d'Evagoras.	L'alliance des Egyptiens et des Cypriotes révoltés engage Artaxerxès à écouter les propositions des Lacédémoniens.	*Mort de Néphérée.* — **ACHORIS** seconde la révolte d'Evagoras.	
88 — (98me *Olympiade*). — **TRAITÉ HONTEUX D'ANTALCIDAS.**	. . . .	. . . .	Artaxerxès dicte aux Grecs le traité d'**ANTALCIDAS.**		
87. — La flotte conduite par Antalcidas force les Grecs à subir ce traité.	. . . .	. . . .	Tiribaze et Oronte marchent contre Evagoras.		
86. — Les Spartiates préludent par la destruction de Mantinée au rétablissement de leur domination.	. . . .	. . . .	Evagoras défait se retire en Egypte. — La discorde arrête les progrès des Perses.		
85	. . . .	. . . .	Evagoras traite avec Artaxerxès. Il conserve Salamine et le titre de roi.		
84. — (99me *Olympiade*). — Sparte rappelle les exilés dans Phlionte.	. . . .	. . . .	Révolte de Gaos. — Guerre contre les Cadusiens. — Tiribaze sauve l'armée du roi.	*Achoris*, abandonné par Evagoras, accueille Gaos.	
83	. . . .	. . . .	Révoltes de Thyus et d'Aspis réprimées par *Datame*.		
82. — Expédition contre Olynthe. Eudamidas est tué. — Phébidas s'empare de la Cadmée.	Thèbes tombe par surprise au pouvoir des Spartiates. — 400 Thébains se réfugient à Athènes.	. . . .	Révolte de *Datame*. — Artaxerxès le fait assassiner.		
81. — Teleutias est battu et tué par les Olynthiens. — Agésipolis prend Torone.	. . . .	(*Naissance de Démosthène*).			
80. — (100me *Olympiade*). — *Mort d'Agésipolis I.* — **CLÉOMBROTE I**er, son frère. — Olynthe se rend à Polybiade.					
79	*Pélopidas*, parti d'Athènes, s'empare de la Cadmée et délivre Thèbes de la tyrannie des Spartiates.				
78. — *Guerre en Béotie.* — Sphodrias tente imprudemment de surprendre le Pirée.	. . . .	Athènes indignée de l'attaque de Sphodrias embrasse le parti de Thèbes.	Artaxerxès exige le rappel de Chabrias qui s'était engagé au service d'Achoris.		
77. — Invasions successives en Béotie de Cléombrote et d'Agésilas.	Bataille de Tégyre; Pélopidas rompt la phalange lacédémonienne.	Chabrias, en Béotie, arrête Agésilas. .	. . . .	*Mort d'Achoris.* — **PSAMMUTHIS**, son fils.	
76. — (101me *Olympiade*). Phébidas est tué sous les murs de Thespies.	Toute la Béotie rentre sous les lois de Thèbes.	Il défait la flotte lacédémonienne près de Naxos.	. . . .	*M. de Psammuthis.* — **NÉPHÉRITE.**	

République Romaine.	Ans de Rome.	Sicile.	Carthage.	Épire.	Thessalie.	Macédoine.	Thrace.
—		—	—	—	—	—	—
75. — Stolon et Sextius s'opposent à l'élection des magistrats curules.	379	. . . .	. . . . . .	. . . . . .	. . . .	. . . .	. . . .
74 . . *Anarchie de cinq ans.*	380	La flotte envoyée au secours de Sparte est prise par Iphicrate.			*Jason*, tyran de Phères, étend sa domination sur la Thessalie.		
73	381			L'Épire commence à sortir de son obscurité.			
72	382						
71	383	. . . .	. . . . . .	. . . . . .	Médiation de Jason entre Thèbes et Sparte.		
70. — Fin de l'anarchie. — Retour aux tribuns militaires.	384	. . . .	. . . . . .	*Règne de Néoptolème II et d'Arymbas II, fils d'Alcétas I.*	*Assass. de Jason.* — Polydore ass. par Polyphron et vengé par son fils *Alex. de Phères.*	*Mort d'Amyntas II.* — **ALEXANDRE II**, son fils.	
69	385	. . . .	. . . . . .		Tyrannie d'Alexandre. . . .	*Alexandre II* est tué par Ptolémée Aloritanus. — Usurpation de Pausanias.	
68. — Quatrième dictature de Camille. — Il abdique. — P. Manlius Capitolinus choisit un plébéien pour maître de la cavalerie.	386	Quatrième guerre contre Carthage. — *Mort de Denys-l'Ancien.* — **DENYS-LE-JEUNE**, son fils.	. . . . . .	. . . . . .	*Pélopidas* délivre la Thessalie, qui retombe bientôt sous le joug.	Iphicrate donne la couronne à *Perdiccas III*; elle lui est enlevée par Ptolémée Aloritanus, puis rendue par Pélopidas. — Aloritanus est mis à mort.	
67. — Deuxième invasion des Gaulois. — Cinquième dictature de Camille. — Il chasse les Gaulois. — Temple voué à la Concorde. — Le sénat consent aux lois de Licinius.	387	. . . .	. . . . . .	. . . . . .	Pélopidas est pris par Alexandre et délivré par Epaminondas.		*Règne* DE COTYS.
66. — L. **SEXTIUS, 1er CONSUL PLÉBÉIEN.** — (*Le consulat est rétabli pour toujours*). — Préteurs patriciens. — Édiles curules.	388	*Dion* appelle *Platon* à la cour de Denys.	. . . . . .	. . . . . .	Alexandre rétablit son autorité sur la Thessalie.		
65. — Peste dans Rome. — Mort de Camille.	389	. . . .	. . . . . .	. . . . . .	*Pélopidas* est tué en combattant Alexandre. Celui-ci est réduit par les généraux thébains à la seule ville de Phères. Il périt en 357, assassiné par ses beaux-frères, à l'instigation de sa femme Thébé.		
64. — Lectisternium, jeux scéniques. — Manlius Imperiosus, créé dictateur, attache le clou sacré. — Il tyrannise le peuple.	390						
63. — Il est sauvé par la piété de son fils. — Dévouement de Curtius.	391	Dion est exilé. — Platon retourne en Grèce.					
62. — Appius Claudius, dictateur, répare la défaite du consul plébéien Genucius. — Troisième invasion des Gaulois. — T. Manlius obtient le surnom de Torquatus.	392						
61	393						
60	394	Platon reparaît à la cour de Denys qui lui préfère Aristippe.	. . . . . .	*Mort de Néoptolème II.* — **ARYMBAS II**, règne seul.		*Mort de Perdiccas III* en combattant les Illyriens. — **PHILIPPE II**, à l'exclusion de son neveu Amyntas.	Cotys, d'abord allié de Philippe, prend les armes contre lui et est défait.
59. — Soumission des Herniques. — Quatrième invasion des Gaulois. — Ils sont défaits par le dictateur Sulpicius.	395	. . . .	. . . . . .			Il chasse ses rivaux et fait la conquête de la Péonie.	
58. — Réduction de l'intérêt de l'argent.	396	Pendant l'absence de Denys, Dion s'empare de Syracuse.	Les Carthaginois favorisent l'expédition de Dion.	. . . . . .		Il bat les Illyriens, tue leur vieux roi Bardylis et étend son royaume jusqu'au lac Lychnitis.	
57. — Défense d'assembler le peuple hors de Rome. — Licinius Stolon condamné pour infraction à sa loi.	397	Retour de Denys. — Il est assiégé dans la citadelle.		Il donne sa nièce Olympias à Philippe de Macédoine.		Prise d'Amphipolis, de Pydna, de Potidée et de Crénides. — Intervention en Thessalie. — Philippe épouse Olympias.	Philippe lui enlève Crénides.
56. — Popilius Lænas, consul plébéien, et Marcius Rutilus, *premier dictateur plébéien*, défont successivement les Étrusques.	398	Denys se retire à Locres qu'il tyrannise pendant 6 ans. — Dion, chassé par le démagogue Héraclide, est rappelé. — Il s'empare de la citadelle.	. . . . . .	. . . . . .		Victoire en Thrace et en Illyrie. — *Naissance d'Alexandre.*	*Ass. de Cotys.* — **KERSOBLEPTE.**
55	399						
54. — Défaite des Tiburtins et des Tarquiniens. — Alliance avec les Samnites.	400	*Mort d'Héraclide.* — *Dion* est assassiné par *Callippe*.					
53. — Création d'une banque publique.	401	*Hipparinus*, frère de Denys, chasse Callippe et règne pendant 2 ans.	. . . . . .	. . . . . .		Philippe s'empare de Méthone. — Il perd un œil au siége de cette ville. — Il chasse Phaylle de la Thessalie.	Il cède la Chersonèse aux Athéniens.
52. — Trève de 40 ans accordée aux Falisques et aux Tarquiniens.	402	. . . .	. . . . . .	. . . . . .		Défaite d'Onomarque en Thessalie. — Les Athéniens empêchent Philippe de franchir les Thermopyles.	Philippe détache Kersoblepte des intérêts d'Athènes.
51. — *M. Rutilus, premier Censeur plébéien*, fait conférer aux censeurs le droit de nommer aux places vacantes dans le Sénat.	403	*Hipparinus* est renversé par *Nypsius*.	. . . . . .	. . . . . .		Retiré à Pella, il l'embellit, appelle les artistes grecs, et achète des partisans en Grèce.	

GRÈCE.			PERSE.	EGYPTE.	HIST. SAINTE.
SPARTE.	THÈBES.	ATHÈNES.	—	—	—
75. — (*Cléombrote et Agésilas.*).	Destruction de Thespies et de Platée.	Timothée prend Corcyre et bat la flotte lacédémonienne à Leucade.	. . . .	*Mort de Néphérée.* — NECTANÉBYS Ier.	. . . .
74	Projets ambitieux des Thébains. — Ils s'allient avec Jason.	Athènes abandonne l'alliance de Thèbes. — Paix avec Sparte bientôt rompue.	Artaxerxès envoie contre Nectanébys Iphicrate et Pharnabaze. — Les lenteurs de Pharnabaze font échouer l'expédition. — Iphicrate retourne bientôt à Athènes.	Vaincu par Iphicrate, il défait Pharnabaze.	
73	Thèbes perd une seconde fois l'alliance d'Athènes.	La flotte conduite par Iphicrate menace la Laconie.			
72. — (102me *Olympiade*). — Assemblée tenue à Sparte. — La guerre se rallume.	ÉPAMINONDAS défend en vain à Sparte les intérêts de sa patrie.				
71. — Cléombrote envahit la Béotie. — Il est défait et tué à *Leuctres*. — *Agésipolis II*, son fils, agide.	VICTOIRE DE LEUCTRES.				
70. — *Mort d'Agis II.* — *Cléomène II*, son frère — Les Arcadiens se révoltent et fondent Mégalopolis. — Mantinée se relève.	. . . .	Athènes invoque le traité d'Antalcidas contre Thèbes et Sparte.			
69. — *Agésilas* est repoussé de l'Arcadie. — Dévouement d'*Ischolas*. — Dévastation de la Laconie.	*Première invasion* d'Épaminondas. — Fondat. de Messène. — Epaminondas et Pélopidas accusés, sont renvoyés absous.	La marche d'Iphicrate arrête Epaminondas.			
68. — (103me *Olympiade*).	*Deuxième invasion* d'Epaminondas. — Il rentre en Béotie et est disgracié.	Athènes, Denys et Artaxerxès secourent Sparte. — Chabrias est opposé à Epaminondas.	Artaxerxès favorise les Spartiates dans leur lutte contre Thèbes.		
67. — Les Arcadiens se séparent de Thèbes. — Ils sont défaits à la *bataille sans larmes*. — Ambassade des Grecs à la cour du roi de Perse.	Expédition en Thessalie. — Epaminondas délivre Pélopidas.	*Aristote vient à Athènes suivre les leçons de Platon.*	Pélopidas gagne le grand roi à la cause des Thébains.		**Pontificat de Jonathan.**
66	*Troisième invasion* d'Epaminondas dans le Péloponnèse.				
65	Il lutte sur mer contre les Athéniens. — *Mort de Pélopidas.* — Destruction d'Orchomène.	Pendant cette période, Athènes recouvre sa puissance maritime. — Par les conseils de Charès elle tyrannise les états tributaires.			
64. — (104me *Olympiade*). — Archidamus s'oppose en vain aux Arcadiens. — Ils envahissent l'Elide et pillent le temple d'Olympie.					
63. — La paix conclue entre Sparte et les Arcadiens mécontente les Thébains. — *Défaite de Mantinée.*	*Quatrième invasion.* — VICTOIRE DE MANTINÉE ; *mort d'Epaminondas*. .	. . . .	. . . .	*Mort de Nectanébys Ier.* — TACHOS.	
62	. . . .	. . . .	Révolte des provinces occidentales et maritimes. — Elle est comprimée. — *Mort d'Ataxerxès Mnémon.* — OCHUS, son fils. — Il s'affermit sur le trône par le massacre de sa famille.	Il invoque le secours des Spartiates qui lui envoient *Agésilas*. *Agésilas*, indigné du mépris de Tachos, donne le trône à *Nectanébys II*. — Il meurt en retournant à Sparte.	
61. — *Mort d'Agésilas* (84 ans) en Cyrénaïque. — *Archidamus III*, son fils.					
60. — (105me *Olympiade*).					
9		**Guerre sociale.**			
8	. . . .	Révolte de Chio, Cos, Rhodes et Byzance. — Charès et Chabrias assiègent Byzance. — *Mort de Chabrias.*	Révolte d'Artabaze, satrape d'Ionie.		
7	. . . . GUERRES SACRÉES. . . .	Charès fait condamner Timothée. — Iphicrate absous rentre dans la vie privée.	Il est secouru, puis abandonné par les Athéniens et les Thébains. — Il se réfugie auprès de Philippe.		
6. — (106me *Olympiade*).	. . . .	Les menaces du roi de Perse forcent Athènes à renoncer à la souveraineté sur les îles révoltées.			
5. — Sparte est frappée par le décret des Amphictyons, mais la lutte qu'elle soutient dans le Péloponnèse l'empêche de jouer un rôle important dans la guerre sacrée.	*Première guerre.* — Décret du conseil amphictyonique contre les Phocidiens. — Philomèle s'empare de Delphes. — La Grèce se divise entre les deux partis.				
4	Avec les secours qu'il reçoit de Sparte et d'Athènes, Philomèle soutient la lutte contre les Béotiens.	. . . .	Soulèvement de la Phénicie, de Cypre et de l'Egypte. — Ochus exige le secours des Grecs. — Phocion soumet Cypre.	*Nectanébys II* seconde la révolte des Phéniciens et des Sidoniens.	
3	*Philomèle*, vaincu à Néone, se donne la mort. — *Onomarque* lui succède. — Phayllc est repoussé de la Thessalie.	Charès prend possession de la Chersonèse, cédée par Kersoblepte.	Ruine de Sidon. — La Phénicie et l'Egypte retombent sous le joug des Perses.	Défait à Péluse par les Grecs et les Perses réunis, il se réfugie en Ethiopie.	
2. — (107me *Olympiade*).	*Défaite et mort d'Onomarque.* — Il est remplacé par *Phaylle*, qui meurt bientôt.				Ochus punit la révolte des Juifs alliés des Phéniciens. — Colonie envoyée en Hyrcanie.
1	Défaites consécutives des Phocidiens.				

République Romaine.	Ans de Rome.	Sicile.	Carthage.	Epire.	Macédoine.	Thrace
50. — *Cinquième et dernière invasion des Gaulois.* — Ils sont défaits par Popilius Lænas.	404					
49. — Valérius obtient le surnom de *Corvus.* — Victoire complète de Furius Camillus.	405				Il enlève Phères à Pitholaüs. — L'attaque sur l'Eubée est repoussée par Phocion.	
48. — Valérius Corvus est nommé consul à 23 ans.	406				Conquêtes dans l'Hellespont. — Philippe prend et détruit Olynthe. — Sa flotte subjugue Imbros et Lemnos et enlève la galère Paralienne.	
47	407	*Denys-le-Jeune* chasse *Nypsius* et ressaisit l'autorité.			Philippe est appelé par les Thébains.	
46. — Valérius Corvus bat les Volsques Antiates et prend Satricum.	408	Les Syracusains appellent à leur secours Icétas, tyran de Léontium, qui les trahit.	Les Carthaginois profitent des troubles de Syracuse pour reprendre leurs projets sur la Sicile.		Traité de paix et d'alliance avec Athènes.	
45. — La prise de Sora termine la guerre contre les Volsques.	409	**TIMOLÉON** est appelé de Corinthe.			Ph. met fin à la guerre sacrée. — Reconnu membre du collége des Amphictyons, il exécute le décret rendu contre les Phocidiens.	
44. — Capoue, attaquée par les Samnites, se donne aux Romains.	410				La Thessalie est rendue dépendante de la Macédoine. — Philippe débarque en Laconie et force Sparte à faire la paix.	
43. — *Première guerre contre les Samnites.* — Victoire des consuls Valérius Corvus et Corn. Cossus.	411	Denys se rend à Timoléon qui l'exile à Corinthe.	Second traité d'alliance avec Rome.		Philippe porte ses armes en Illyrie et en Thrace. — Ambassade d'Ochus.	
42. — Révolte de la garnison romaine de Capoue. — Valérius Corvus parvient à la calmer.	412	Timoléon chasse les Carthaginois, défait Icétas et reste maître de Syracuse, à laquelle il donne de sages lois.	Magon, vaincu, s'enfuit à Carthage où il est mis en croix.	*Mort d'Arymbas II.* — **ALEXANDRE Ier**, son neveu.		Kersoblepte … défait par Ph… lippe. — *Mo… de Kersoble… te.* — **SEUTH… III**, son fils. Il chasse les Macédoniens
41. — *Paix accordée aux Samnites.* — Elle dure 15 ans.	413				Nouvelle tentative sur l'Eubée. — Perinthe repousse Philippe. Phocion le force à lever le siége de Byzance.	
40. — Prétentions des Latins repoussées. — *Manlius Torquatus* condamne son fils à mort. — Dévouement de *Decius Mus.* — Victoire de Véséries et de Tritane.	414	Victoire signalée de *Timoléon* sur les bords de la Crimèse. — Défaite et supplice d'Icétas.	Défaite de la Crimèse.		Expédition contre les Scythes. — Il est sauvé par son fils.	
39. — Vict. de Publilius Philo. — Ses lois populaires achèvent d'établir l'égalité politique entre les deux ordres.	415					
38. — Soumission des Latins.	416	Timoléon détruit toutes les tyrannies de la Sicile. — Il abdique et rentre dans la vie privée.	Carthage humiliée demande la paix.		*Seconde guerre sacrée.* — Philippe envahit la Locride et surprend Elatée. — **VICTOIRE DE CHÉRONÉE.**	
37. — Publilius Philo, premier préteur plébéien.	417	*Mort de Timoléon.* — Après lui, Syracuse est pendant 20 ans déchirée par les factions.			Philippe répudie Olympias pour épouser Cléopâtre. — Alexandre irrité se retire en Illyrie.	
36	418		Tentative d'Hannon pour usurper la tyrannie. — Il échoue et est mis à mort.		*Philippe* meurt assassiné par Pausanias. — **ALEXANDRE III.** — Il punit les assassins de son père et est reconnu généralissime des Grecs. — Défaite des Thraces et des Illyriens.	
35. — Traité d'alliance avec les Gaulois.	419				Alexandre marche contre la Grèce révoltée. — *Destruction de Thèbes.* — Préparatifs contre la Perse.	
34	420				Départ d'Alexandre. — Il laisse le gouvernement de la Macédoine à Antipater. (*Voir la Perse.*)	Seuthès III a… compagne Alexandre-le-Grand dans … expéditions.
33	421					
32. — Les Tarentins appellent à leur secours contre les Lucaniens, Alexandre, roi d'Epire, oncle d'Alexandre-le-Grand. Il bat les Lucaniens et les Samnites et fait alliance avec les Romains.	422			Il passe en Italie au secours des Tarentins.		
31	423			Il est tué en Lucanie. — **EACIDE**, fils d'Arymbas II.		
30	424	Ambassade auprès d'Alexandre-le-Grand pour le féliciter de ses conquêtes.			Révolte des Thraces réprimée. — Antipater défait les Spartiates en Arcadie.	
29. — Siége et prise de Priverne. — On accorde aux vaincus le droit de cité romaine.	425					
28	426					
27. — *Deuxième guerre contre les Samnites.* — Ils secourent Palépolis, assiégée par les Romains.	427					
26. — Proconsulat de Publilius Philo. — Prise de Palépolis. Naples et l'Apulie se déclarent pour les Romains ; la Lucanie, Tarente et les Vestins pour les Samnites.	428					

GRÈCE.			EMPIRE DES PERSES.	EGYPTE.	HISTOIRE SAINTE.
SPARTE.	GUERRES SACRÉES.	ATHÈNES.	CONQUÊTES D'ALEXANDRE.	—	
50. — (*R. Cléomène II et Archidamus III*).	. . . .	. . . .	. . . .	. . . . . .	*Mort de Jonathan.* — **JADDUS**, son fils.
49	La guerre sacrée n'est soutenue que par les Thébains.	Phocion chasse les Macédoniens de l'Eubée.	Mentor en Asie-Mineure, et Bagoas dans la Haute-Asie, règnent sous le nom d'**OCHUS**.		
48. — (108me *Olympiade*).	. . . .	Charès est inutilement envoyé au secours d'Olynthe.			
47	Les Thébains, vaincus par les Phocidiens, demandent le secours de Philippe.	Célèbre ambassade d'Eschine et de Démosthène auprès de Philippe.			
46	. . . .	Traité de paix et d'alliance entre Philippe et les Athéniens.			
45	Philippe envahit la Locride, chasse Phalœcus et met fin à la première guerre sacrée. (*Elle durait depuis 10 ans.*)				
44. — (109me *Olympiade*). — La présence de Philippe arrête les projets ambitieux des Spartiates.					
43	. . . .	Malgré Phocion, Démosthènes décide les Athéniens à renouveler la guerre.	Les trésors d'Ochus sont employés en Grèce à combattre l'influence de Philippe.		
42	. . . .	Diopithe, envoyé contre Philippe, est vaincu et tué.			
41	. . . .	Phocion sauve Byzance.			
40. — (110me *Olympiade*). — Archidamus secourt les Tarentins contre les Lucaniens. — Il est tué. — Agis III, son fils.					
39					
38	*Seconde guerre sacrée.* — Eschine fait donner à Philippe la mission de punir le sacrilége des Locriens. — Philippe est vainqueur à Chéronée. — Il met une garnison dans Thèbes. — Fin de l'indépendance hellénique.	*Les Athéniens et les Thébains sont défaits à Chéronée.* — Philippe pardonne aux Athéniens.	*Ochus* meurt empoisonné par Bagoas, qui met **ARSÈS** sur le trône.		
37					
36. — (111me *Olympiade*).		Démosthènes forme une nouvelle ligue contre Alexandre.	Bagoas tue *Arsès*. — **DARIUS-CODOMAN** fait périr Bagoas.		
35	. . . .	Les Athéniens effrayés se soumettent. — Démosthènes doit la vie à Démade. — (*Aristote fonde l'école du Lycée.*)			
34	. . . .		Invasion d'Alexandre. — **BATAILLE DU GRANIQUE.** — *Mort de Memnon le Rhodien.* — Alexandre coupe le nœud gordien. — Il tombe malade à Tarse.		
33	. . . .	. . . .	**BATAILLE D'ISSUS.** — Conquête de la Cœlé-Syrie et de la Phénicie.		
32. — (112me *Olympiade*). — Agis III, allié à Darius, en reçoit une flotte qu'il dirige contre la Crète.	. . . .	. . . .	Résistance et prise de Tyr. — Conquête de la Palestine et de l'Égypte.	L'Egypte accueille Alexandre comme un libérateur. — Fondation d'Alexandrie.	Jaddus reçoit Alexandre à Jérusalem. — La Judée passe sans résistance sous la domination macédonienne. — A son retour d'Egypte, Alex. punit les Samaritains qui se réfugient à Sichem.
31. — Il défait Antipater, gouverneur de Macédoine.	. . . .	. . . .	**BATAILLE D'ARBÈLES.** — Fuite de Darius. — Prise de Babylone, de Suses, de Persépolis et d'Ecbatane.		
30. — Agis III est tué à Mégalopolis, en combattant Antipater. — Eudamidas Ier, son frère.	. . . .	Harangues d'Eschine et de Démosthènes sur la couronne. — Eschine condamné à l'exil se retire à Rhodes.	Darius est assassiné par Bessus. — *Fin de l'empire des Perses.*		
29	. . . .	. . . .	Alexandre soumet la Parthie et l'Hyrcanie. — Supplice de Philotas. — Soumission de la Bactriane.		
28. — (113me *Olympiade*).	. . . .	. . . .	Supplice de Bessus. — Alexandre bat les Scythes, prend Maracande, soumet les Sogdiens; répression des Scythes révoltés.		
27	. . . .	. . . .	Extermination des Sogdiens. — *Mort de Spitamène.* — Alexandre épouse Roxane. — *Meurtre de Clitus.*		
26	. . . .	. . . .	Défaite de Porus. — Les Macédoniens refusent de suivre Alexandre. — Il descend l'Hydaspe et l'Indus jusqu'à la mer.		

RÉPUBLIQUE ROMAINE.	ANS de Rome.	SICILE et *Carthage.*	EPIRE.	MACÉDOINE.	THRACE.
25. — Brutus ravage le pays des Vestins. — Le Dictateur *Papirius Cursor* n'accorde qu'au peuple la grâce de Fabius Rullianus.	429	…	…	…	…
24. — Bataille restée indécise par le refus des soldats. — Papirius regagne leur affection et bat les Samnites.	430				
23. — Trève d'un an bientôt rompue. — *Troisième guerre.* — Ravage du Samnium et de l'Apulie.	431	…	…	*A la mort d'Alexandre, ANTIPATER et CRATÈRE* reçoivent la Macédoine et la Grèce. — **GUERRE LAMIAQUE.** — Antipater, vaincu, est assiégé dans *Lamia.* — Léonat vient à son secours; il est défait et tué.	Lysimaque reçoit partage la Thrac et les régions voi nes. — Il chasse Seuthès III, qui s réfugie auprès d'A tigone.
22. — Les Samnites vaincus demandent la paix. — Elle leur est refusée.	432	…	…	Antipater est vainqueur à *Cranon.* — Il se venge cruellement des Athéniens et accorde la paix aux Etoliens.	
21. — **DÉSASTRE DES FOURCHES CAUDINES**; Pontius Herennius fait passer sous le joug l'armée des consuls Véturius et Postumius.	433	…	…	Cratère et Antipater s'allient aux ennemis de Perdiccas.	
20. — Le sénat annule la capitulation. — Pap. Cursor bat les Samnites et fait passer 7,000 hommes sous le joug.	434	Sosistrate usurpe la tyrannie à Syracuse.	Olympias se réfugie en Epire avec Alex. Aigus et Roxane.	Antipater, nommé régent, s'entoure d'Arrhidée, d'Eurydice et de Thessalonice. — Il laisse en mourant la tutèle à Polysperchon. — Cassandre, son fils, indigné, passe en Asie.	
19. — Défaite des Férentins. — Pap. Cursor prend Sutrium.	435	…	…	Polysperchon rappelle Olympias, Alexandre Aigus et Roxane. — Pour affaiblir le parti de Cassandre, il révoque les administrateurs des villes grecques.	
18. — *Trève de deux ans.* — Capoue demande un préfet romain.	436	…	…	Olympias fait mettre à mort Eurydice et Arrhidée.	
17. — La domination romaine s'étend sur la plupart des villes de l'Apulie.	437	*Agathocle,* deux fois banni, s'empare du pouvoir après l'exil de Sosistrate. — Il s'affermit par le massacre de ses ennemis.	Pendant qu'Eacide marche contre Cassandre, ses sujets se révoltent et s'allient à son ennemi. — Son fils Pyrrhus est recueilli par Glaucias, roi d'Illyrie.	Cassandre venge leur mort par le supplice d'Olympias. — Il emprisonne Alex. Aigus et Roxane, et épouse Thessalonice.	
16. — *Quatrième guerre.* — Les Samnites fomentent la révolte de plusieurs villes de Campanie.	438			Il rétablit son autorité dans la Hellade et la moitié du Péloponnèse.	…
15. — Fabius prend Saticula et assiége Sora.	439	Il étend sa domination sur les villes voisines.		Cassandre prend part à la ligue contre Antigone.	Lysimaque entr dans la ligue cont Antigone.
14. — Sulpicius Longus prend Sora. — Les Samnites perdent trente mille hommes près de Caudium. — La Campanie se soumet.	440	…	…	Antigone, par ses généraux, détruit dans la Hellade et dans le Péloponnèse le pouvoir de Polysperchon et de Cassandre, qui ne conservent en Grèce que Mégare et Athènes.	
13. — Prise de Frégelles, de Nole, etc. — Des colonies consolident les nouvelles conquêtes.	441	…	…	…	Il défait les géné raux d'Antigone Seuthès III son allié.
12. — Célèbre censure d'*Appius Claudius.* — Il fait construire la voie Appienne, des aqueducs, etc.	442	…	*Rappel et mort d'Eacide* en combattant les Macédoniens. — **ALCÉTAS** II, son frère. Cassandre lui accorde une paix honorable.		
11. — Les Etrusques se joignent aux Samnites et sont défaits près de Sutrium.	443	*Amilcar* est envoyé par *Carthage* contre Agathocle, le bat et l'assiége dans Syracuse.		Le traité de 311 dépouille Cassandre de la Grèce et de la Macédoine. — Il met à mort Alexandre Aigus et Roxane.	Le traité de 311 l conserve la Thrac
10. — Fabius Rullianus traverse la forêt Ciminienne. — Défaite des Ombriens et des Etrusques. — Trève de 30 ans accordée à plusieurs villes. — Marcius Rutilius est défait par les Samnites.	444	Agathocle passe en Afrique. — Il brule sa flotte et défait deux fois les Carthaginois.		Polysperchon appelle dans le Péloponnèse Hercule, fils naturel d'Alexandre.	Fondation de Lys machie dans la Chersonèse.
9. — Année sans consuls. — Dernière victoire du dictateur Papirius Cursor à Longula. — Les Etrusques sont vaincus près du lac Vadimon et près de Pérouse.	445	Pendant l'absence d'Agathocle, *Amilcar est pris par les Syracusains et mis à mort.*	…	Séduit par les offres de Cassandre, il fait périr Hercule et sa mère Barsine.	
8. — Fabius bat les Samnites, les Marses, les Péligniens et les Ombriens. — Victoire d'Alifa.	446	Agathocle fait alliance avec Ophellas, roi de Cyrène; il le met à mort et débauche son armée.	*La suite de son règne n'est marquée que par des cruautés.*	Démétrius enlève Athènes à Cassandre.	
7. — Défaite des Salentins.	447	La révolte d'Agrigente le rappelle en Sicile. — Vainqueur des rebelles, il retourne en Afrique. — Il essuie une défaite et abandonne son armée.		Cassandre prend le titre de roi.	
6. — Les Herniques se soulèvent et sont défaits dans trois batailles par Marcius Tremulus.	448	Paix avec Carthage.			
5. — Les Samnites sont vaincus à Tiferne et à Bovianum.	449	Agathocle défait le parti de Dinocrate.	…	Pendant l'éloignement de Démétrius, Cassandre reprend ses avantages en Grèce.	
4. — Alliance renouvelée avec les Samnites. — Les Eques sont punis de leur avoir porté secours — Le greffier Cn. Flavius qui avait révélé au peuple les formules judiciaires est élevé à l'Edilité. — Censure de Fabius Rullianus; il obtient le surnom de Maximus.	450	Il pille le trésor sacré de Lipari.	…	Il met le siége devant Athènes.	
3. …	451	…	…	Démétrius l'arrête et lui arrache ses conquêtes.	
2. — Défaite des Marses.	452	…	…	Cassandre craignant pour la Macédoine renouvelle son alliance avec Lysimaque, Ptolémée et Séleucus.	Lysimaque passe Asie-Mineure pou combattre Antigon Il reçoit l'Asie-Mi neure jusqu'au Ta rus.
301. — Trève de deux ans accordée aux Etrusques.	453	…	…	La bataille d'Ipsus affermit Cassandre sur le trône de Macédoine. — Son frère Plisthènes obtient la Cilicie.	

Grèce. — Sparte et *Péloponnèse.*	Grèce. — Athènes.	Asie. (*Alexandre et ses successeurs.*)		Egypte.	Hist. Sainte.
25. — (Rois : **Cléomène II** et **Eudamidas Ier**).	Harpalus, chassé de Babylone, se réfugie à Athènes.	Néarque visite les côtes depuis l'Indus jusqu'au Tigre. — Alexandre traverse la Gedrosie, la Caramanie, la Perse et la Susiane.			
24. — (114me *Olympiade*).	Menacés par Alexandre, les Athéniens chassent Harpalus et exilent Démosthènes.	Il épouse Statira, fille de Darius, et tente d'introduire en Orient la civilisation grecque.			*Mort de Jaddus.* — **ONIAS Ier**, son fils.
23. — Ni Sparte ni l'*Arcadie* ne prennent part à la révolte des Grecs.	Révolte des Athéniens, des Étoliens, etc. — Rappel d'Hypéride et de Démosthènes. — *Victoire de Lamia.*	*Mort d'Alexandre à Babylone.* — **PERDICCAS** fait nommer rois Philippe-Arrhidée et le fils de Roxane. — **PREMIER PARTAGE.** — Perdiccas est nommé tuteur d'Alexandre-Aigus. — Il comprime la révolte des Grecs colonisés dans la Haute-Asie.		Ptolémée, fils de Lagus, reçoit l'Egypte et l'Afrique.	La Judée, la Phénicie et la Syrie tombent en partage à Laomédon.
22	Défaite de Cranon. — La flotte athénienne détruite par Clitus. — Hypéride *mis à mort.* — *Démosthènes s'empoisonne dans Calaurie.* — **PHOCION** est nommé administrateur par Antipater. — (*Mort d'Aristote*).	Ariarathe, roi de Cappadoce, est exterminé avec sa famille, et son royaume donné à **EUMÈNE.**			
21		L'ambition de Perdiccas alarme les généraux ; Antigone se réfugie en Macédoine. — **PREMIÈRE LIGUE.** — Eumène reste fidèle à la cause royale.		Ptolémée entre dans la ligue contre Perdiccas.	
20. — (115me *Olympiade*).		Eumène défait et tue Cratère et Néoptolème en Cappadoce. — **PITHON** cède bientôt la régence à **ANTIPATER.** — **SECOND PARTAGE** à Trisparadisus. — Seleucus reçoit la Syrie et la Babylonie. Eumène proscrit est assiégé dans Nora.		Perdiccas, défait près de Memphis, est tué par ses officiers révoltés. — Ptolémée soumet la Judée, la Phénicie et la Cœlé-Syrie, qu'il réunit à l'Egypte.	Ptolémée dépouille Laomédon de la Judée, et prend d'assaut Jérusalem.
9		**DEUXIÈME LIGUE** formée par Cassandre, Antigone et Ptolémée contre le régent **POLYSPERCHON**, qui n'est défendu en Asie que par Eumène.			
18. — Pendant les troubles qui agitent la Grèce, Sparte s'entoure de murailles.	Alexandre, fils de Polysperchon, rétablit la démocratie à Athènes. — **PHOCION MIS A MORT.** — Cassandre reprend Athènes, et lui donne pour administrateur *Démétrius de Phalère,* qui la gouverne avec sagesse pendant onze ans.	La flotte royale commandée par Clitus est détruite dans l'Hellespont par celle d'Antigone.		(*A cette époque florissait le célèbre géomètre* **EUCLIDE**).	
17		Eumène passe dans la Haute-Asie et défait Antigone sur les bords du Pasitigre.			
16. — (116me *Olympiade*).		Eumène, quoique vainqueur, est livré par les Argyraspides à Antigone qui le fait périr. — Antigone domine en Asie, comme Cassandre en Grèce.			
15		Antigone proscrit Séleucus et détruit le corps des Argyraspides. — **TROISIÈME LIGUE** contre Antigone.		Séleucus engage Ptolémée dans la troisième ligue.	
14		Antigone défait en Asie-Mineure Lysimaque et Cassandre de Carie. — Il enlève à Ptolémée la Phénicie et la Palestine.		Ptolémée compense ses pertes par la conquête de Chypre et de Rhodes.	La Palestine est conquise par Antigone.
3		Prise de Tyr après un siége de quinze mois.			
2. — (117me *Olympiade*).	(*Époque de* **MÉNANDRE**, *surnommé le prince de la nouvelle comédie*).	Séleucus s'empare de la Médie et de la Susiane.		Ptolémée défait Démétrius à Gaza. — Ophellas, gouverneur de la Cyrénaïque se révolte et se fait nommer roi.	
1		**LE TRAITÉ DE 311** donne à Antigone l'Asie-Occidentale, de l'Euphrate à l'Hellespont.	**SELEUCUS** rentre à Babylone. — **ÈRE DES SELEUCIDES.**	Défait par Démétrius, Ptolémée accède au traité de 311 et est réduit à l'Egypte.	Le traité de 311 laisse la Palestine à Antigone.
0				Ptolémée achève la conquête de l'île de Chypre.	
9. — *Mort de Cléomène II.* — **ARÉUS I**, son petit-fils, Agide.	(**ÉPICURE** *transporte son école de Lampsaque à Athènes*).		Il ajoute à son empire la Perse, la Bactriane et l'Hyrcanie.		
8. — (118me *Olympiade*).	*Première expédition de Démétrius en Grèce.* — Il s'empare d'Athènes, chasse Démétrius de Phalère et rétablit la démocratie.	**QUATRIÈME LIGUE** contre Antigone. — Il fait périr Cléopâtre qui voulait se réfugier auprès de Ptolémée.		Il recouvre la Cyrénaïque. — Il passe en Grèce et prend Corinthe et Sicyone.	
7		Rappelé en Asie par son père, Démétrius bat Ptolémée sur mer, et s'empare de Chypre. — Ils prennent le titre de rois.	Séleucus, comme les autres généraux, prend le titre de roi.	Sa flotte est détruite par Démétrius.	
6		Leur attaque sur l'Égypte est repoussée.		Il repousse l'invasion de Démétrius et d'Antigone. — Il prend le titre de roi.	
5		Démétrius assiége Rhodes. — Il accorde aux Rhodiens une honorable capitulation.	Il pénètre jusqu'au Gange. — Traité de paix avec Sandrocottus.	Il reçoit des Rhodiens le surnom de Soter.	
4. — (119me *Olympiade*). — *Mort d'Eudamidas Ier.* — **ARCHIDAMUS IV**, Proclide.	Athènes est assiégée par Cassandre.	Démétrius passe en Grèce sur la demande des Athéniens.			
3. — *Démétrius enlève à Cassandre une partie du Péloponnèse ; il est proclamé chef de tous les Grecs.*	*Deuxième expédition de Démétrius.* — Il force Cassandre à lever le siége d'Athènes.				
2		Démétrius, au milieu de ses victoires, est rappelé par Antigone.			
301		**BATAILLE D'IPSUS** ; Antigone et Démétrius sont vaincus par Lysimaque et Séleucus ; Antigone est tué. — Démétrius passe en Grèce.	Séleucus, vainqueur, réunit à ses états la Cappadoce, l'Arménie et la Syrie.	Ptolémée recouvre la Palestine, la Cœlé-Syrie et la Phénicie, excepté Tyr et Sidon.	La Judée retourne sous la domination de Ptolémée

RÉPUBLIQUE ROMAINE.	ANS de Rome.	SICILE et *Carthage*.	ÉPIRE.	MACÉDOINE.	THRACE e[t] ASIE MIN[EURE].
300. — Plébéiens admis aux fonctions sacerdotales. — Val. Corvus renouvelle la loi de l'appel au peuple.	454	Agathocle secourt Corcyre contre Cassandre.		Cassandre soumet la Thessalie et l'Acarnanie. — Il chasse les garnisons laissées en Grèce par Démétrius.	*Ariarathe III r[e]couvre la Cappa[doce]*
99. — *Sixième consulat de Val. Corvus.* — L'adjonction d'un consul plébéien rendue obligatoire. — *Cinquième guerre* contre les Samnites alliés aux Etrusques, aux Boïens et aux Ombriens.	455	Il pille Crotone et en égorge les habitans.			Lysimaque et Ag[a]thocle son fils ép[ou]sent deux filles [de] Ptolémée.
98. — Corn. Scipion lutte contre les Etrusques. — Fulvius bat les Samnites près de Bovianum.	456			*Mort de Cassandre.* — **PHILIPPE**, son fils aîné, lui succède et meurt bientôt après.	
97. — Les Samnites sont défaits près de Tiferne et les Apuliens près de Maleventum.	457		Alcétas II est massacré par ses sujets révoltés. — **PYRRHUS II**, fils d'Eacide.	*Antipater* et *Alexandre* se disputent la couronne. — Antipater tue sa mère Thessalonice.	
96. — L'armée Samnite passe en Étrurie. — Elle est battue par Volumnius qui remporte une seconde victoire en Campanie.	458		Il profite des troubles de la Macédoine pour agrandir ses états.	Alexandre appelle Démétrius et Pyrrhus II. — Pyrrhus chasse Antipater.	
95. — Le sénat lève cinq armées. — *Victoire de Sentinum* sur les Gaulois et les Samnites; Décius Mus se dévoue comme son père.	459			Démétrius prévient les embûches d'Alexandre en le tuant. — **DÉMÉTRIUS** est proclamé roi par les Macédoniens.	
94. — Nouveaux efforts des Samnites. — Trève de 40 ans imposée à Volsinies, Pérouse et Arrétium.	460				
93. — Pap. Cursor le fils détruit la *Légion du Lin* à la bataille d'Aquilonie. — Prise de Cominium. — Défection et punition des Falisques.	461	Il soumet Hipponium.		Il étend sa domination sur la Béotie et la plus grande partie du Péloponnèse.	
92. — Fabius Gurgès battu, répare sa défaite; Pontius Hérennius est pris et égorgé.	462				
91. — Derniers efforts des Samnites.	463				
90. — *Curius Dentatus* obtient la **SOUMISSION DES SAMNITES.** — La révolte des Sabins punie. — La domination romaine s'étend jusqu'à l'Adriatique.	464			Démétrius envahit l'Etolie.	
89	465	*Mort d'Agathocle*, empoisonné par son petit-fils Archagathe. — Ménon tue Archagathe. — Icétas s'oppose à Menon, rétablit la démocratie et est élu général. — Des tyrans s'élèvent à Agrigente, Tauromenium, etc. — *Les Carthaginois s'affermissent dans l'ouest de l'île.*	Pyrrhus délivre l'Étolie et gagne la faveur des Macédoniens.	Prise de Corcyre. — Il irrite ses sujets par son orgueil. — Son armée d'Etolie est défaite par Pyrrhus.	
88	466		Ligue contre Démétrius.	Quoique menacé par Pyrrhus, il projette de reconquérir les états de son père. — Ligue formée contre lui par Lysimaque, Séleucus, Ptolémée et Pyrrhus.	Lysimaque entr[e] dans la ligue con[tre] Démétrius.
87. — Les tribuns proposent l'abolition des dettes. — Le peuple, irrité de l'opposition d'Appius Claudius se retire sur le Janicule. — Cette sédition est calmée par le dictateur plébéien Hortensius qui confirme les lois populaires de Pub. Philo.	467		L'armée macédonienne passe sous ses drapeaux.	La Macédoine est envahie par Pyrrhus et Lysimaque qui se la partagent. — Démétrius rejoint dans le Péloponnèse son fils Antigone.	
86	468		Il enlève la Thessalie à Démétrius, délivre Athènes, et est dépouillé de la Macédoine par Lysimaque.	Pendant que Pyrrhus délivre Athènes, **LYSIMAQUE** s'empare de la Macédoine q[u'il] réunit à son royaume de Thrace et d'Asie-Mineure. — *Démétrius passe en As[ie]*	
85. — Coalition des Étrusques, des Gaulois et des Lucaniens.	469	Les Mamertins ou Campaniens, à la solde d'Agathocle, s'emparent de Messine par trahison.			
84	470				
83. — Corn. Dolabella extermine les Senonais. — Défaite des Boiens près du lac Vadimon.	471			(*Fondation du royaume de Pergame, détaché par Philétère des états de Ly[si]maque*).	
82. — Fabricius, appelé par les Thuriens, bat les Brutiens, les Lucaniens et les Samnites. — Tarente insulte les ambassadeurs romains et reprend le siége de Thurium.	472			Trompé par sa seconde femme Arsinoé, Lysimaque fait périr son fils Agathocle. Rupture entre Lysimaque et Séleucus.	
81. — Les Tarentins demandent le secours de Pyrrhus.	473			Lysimaque est vaincu et tué à Cyropédium. — **SÉLEUCUS** s'empare de ses états.	
80. — Pyrrhus bat les romains à *Héraclée.* — Il s'avance vers Rome, puis se retire. — Ambassade de Fabricius.	474	Icétas est chassé par Tynion. — Lutte entre Tynion et Sosistrate. — Les Carthaginois assiégent Syracuse. — (*Troisième Traité entre Rome et Carthage*).	Expédition de Pyrrhus en Italie.	*Séleucus* est assassiné par **PT. CÉRAUNUS** qui se fait proclamer roi de Thrace e[t] Macédoine. — Il repousse Gonatas. — Invasion des Gaulois.	
79. — Cinéas à Rome. — Appius Claudius Cæcus fait rejeter ses propositions. — Bataille indécise d'*Asculum.* — Décius Mus se dévoue comme son père et son aïeul.	475	Menacés par les Carthaginois, les Syracusains appellent Pyrrhus, gendre d'Agathocle.		*Céraunus* est tué par Belgius. — Règnes éphémères de Méléagre frère de Céraun[us] et d'Antipater. — Sosthène repousse Belgius, et est salué roi par son armée.	
78. — Pyrrhus passe en Sicile. — Nouvelles défaites des Étrusques, des Lucaniens et des Brutiens	476	Pyrrhus repousse les Carthaginois.			
77. — Ravage du Samnium. — Prise de Crotone.	477	Il se rend odieux par son orgueil et ses cruautés.		Invasion de Brennus. — Il défait Sosthène et passe en Thessalie. — **ANTIGONE [GO]NATAS** s'empare de la Macédoine. (*La Thrace retourne à ses princes indigène[s]*)	
76. — Victoire de Fabius Gurgès. — Les Tarentins rappellent Pyrrhus.	478	Pyrrhus repasse en Italie, *laissant libre le champ de bataille aux Romains et aux Carthaginois.*		Gonatas repousse les Gaulois et achète la renonciation d'Antiochus Soter.	

Sparte.	Grèce.	Athènes.	Syrie.	Égypte.	Hist. Sainte
			—	—	
300. — (120me *Olympiade*). — Rois: **Aréus Ier** et **Archidamus IV.**	Démétrius se voit enlever par Cassandre les places qu'il possédait en Grèce.	Léocharès, favorisé par Cassandre, domine à Athènes, qui ferme ses portes à Démétrius, mais lui rend ses vaisseaux. (*Zénon ouvre l'École du Portique.*)	Séleucus fonde Antioche sur l'Oronte. — Elle devient la capitale de son royaume.	Ptolémée donne sa belle-fille Antigone à Pyrrhus.	*Mort d'Onias.* **Simon**, son fils, dit le juste.
99.	Il pille avec sa flotte la Chersonèse de Thrace et se rend en Asie auprès de Séleucus.		Alarmé de l'alliance de Lysimaque et de Ptolémée, il demande la main de Stratonice, fille de Démétrius. Celui-ci la lui amène, reprend la Cilicie, fortifie Tyr et Sidon, et retourne en Grèce.		
98.	Retour de Démétrius.				
97	Il reprend Athènes sur Léocharès et laisse une garnison dans le Musée.	Athènes tombe au pouvoir de Démétrius.			
96. — (121me *Olympiade*). — Archidamus IV est défait par Démétrius dans deux batailles. — Sparte est sauvée par le départ de Démétrius pour la Macédoine.	Démétrius, vainqueur dans le Péloponnèse, mais dépouillé de ses possessions d'Asie, passe en Macédoine.		Séleucus enlève à son beau-père Tyr, Sidon et la Cilicie.	Soter achève, par la prise de Salamine, la conquête de l'île de Chypre, en vain secourue par Démétrius.	
95					
94.	**Pendant cette période Démétrius réunit à la Macédoine la plus grande partie de la Grèce.**		Il cède Stratonice et la Haute-Asie à son fils Antiochus.	(*Vers cette époque les Juifs d'Egypte commencent la version de la Bible, dite des Septante. — Elle fut faite selon d'autres par ordre de Philadelphe, vers 275*).	
93					
92. — (122me *Olympiade*).		(*Mort de Ménandre*).			*Mort de Simon.* — **Éléazar**, son frère, pendant la minorité d'Onias.
91					
90		*Époque du poète comique Philémon.*			
89					
88. — (123me *Olympiade*).				Ptolémée entre dans la ligue contre Démétrius.	
87.	*Renaissance de la liberté en Grèce.* Démétrius, chassé de la Macédoine, rend aux Béotiens leur liberté.			Il passe en Grèce et la fait révolter contre Démétrius.	
86.	Pyrrhus détruit la puissance macédonienne dans presque toute la Thessalie.	Pyrrhus délivre Athènes et lui rend ses Archontes.	Démétrius après avoir pris Sardes est arrêté dans sa marche par Séleucus. — Forcé de se rendre, il est emprisonné dans une maison royale où il meurt deux ans après.	La prise de Tyr et de Sidon le rend maître de la Phénicie entière. — Introduction du dieu Sérapis.	
85				Ptolémée Soter abdique en faveur de **PTOL. PHILADELPHE**, au détriment de Céraunus, qui se retire en Macédoine.	
84. — (124me *Olympiade*).	(Gonatas reprend les projets ambitieux de son père Poliorcète, prisonnier de Séleucus.)				
83.				*Mort de Ptolémée Soter.*	
82					
81.			Séleucus attaque l'Asie-Mineure. — Bataille de Cyropédium; Lysimaque est tué et Séleucus est salué du surnom de *Nicator.*	(*Époque de la Pléiade poétique, composée de Callimaque, Aratus, Théocrite, Apollonius de Rhodes, Nicandre, Homère-le-Jeune et Lycophron.*)	
80. — (125me *Olympiade*). — Sparte seconde les efforts des Grecs pour recouvrer leur indépendance.	Pendant la lutte de Gonatas et de Céraunus, la Locride, la Phocide et la Mégaride secouent le joug macédonien avec l'aide de Sparte. — Les Achéens recouvrent leur liberté.		*Séleucus périt assassiné* à Lysimachie. — **ANTIOCHUS Ier SOTER**, son fils. — Il abandonne la Macédoine à Céraunus.		
79					
78.	Argos, vers cette époque, se détache de Gonatas.			Il fait périr ses frères Méléagre et Argée, accusés de conspiration.	
77	Brennus, vainqueur des Macédoniens, est battu par la confédération grecque aux Thermopyles. — Il pénètre en Phocide. — Son armée est défaite près de Delphes.		Destruction de l'armée envoyée contre la Bithynie.	Il répudie sa femme et épouse sa sœur Arsinoé, veuve de Lysimaque.	
70. — (120me *Olympiade*).			Il cède ses droits sur la Macédoine à Antigone et lui donne en mariage sa sœur Phila.		

RÉPUBLIQUE ROMAINE.	AGE de Rome.	SICILE.	CARTHAGE.	EPIRE.	MACÉDOINE.
75. — Retour de Pyrrhus. — Il est défait à Bénévent par Curius Dentatus, et retourne en Epire. — Corn. Lentulus bat les Lucaniens et les Samnites.	479	Hiéron, descendant de Gélon, nommé général.	Après le départ de Pyrrhus, les Carthaginois recouvrent en Sicile leurs anciennes conquêtes.	Retour de Pyrrhus.	
74	480			Il enlève la Macédoine à Antigone.	Antigone Gonatas est chassé de la Macédoine Pyrrhus.
73. Alliance conclue avec Ptolémée Philadelphe.	481				Pyrrhus part pour le Péloponnèse. — Gonatas prend une partie de la Macédoine.
72. — Spurius Carvilius soumet les Samnites. — **FIN DE LA GUERRE DU SAMNIUM.** — Elle durait depuis 70 ans. — Tarente est livrée aux Romains.	482			*Mort de Pyrrhus à Argos.* — **ALEXANDRE II**, son fils.	*A la mort de Pyrrhus*, il recouvre la Macédoine tière.
71. — Punition de la légion qui s'était emparée violemment de Rhégium.	483				Il reprend ses projets de domination sur la Grèce et nouvelle son alliance avec les Etoliens.
70. — Soumission des Sassinates en Ombrie.	484				Alliance des Spartiates et de Philadelphe co Gonatas.
69. — *Première monnaie d'argent.*	485	**HIÉRON II**, vainqueur des Mamertins est salué roi par Syracuse.			Gonatas taille en pièces une nouvelle horde de Gau — Il repousse de la Macédoine les Spartiates et Egyptiens.
68. — Défaite des Picentins et prise d'Asculum leur capitale. — Défaite des Salentins ; prise de Brindes.	486				Il prend Athènes en présence d'Aréus et de Patrocle, l tenant de Ptolémée. — Soumission de Mégare, de la cride, et de la Phocide.
67	487			Il envahit la Macédoine, mais il en est bientôt chassé par Démétrius, qui le dépouille de ses états.	Pendant l'éloignement de Gonatas, Alexandre, roi d'E monte un moment sur le trône de Macédoine.
66. — Soumission des Messapiens. — **Rome est maîtresse de l'Italie depuis le Pô jusqu'à la mer de Sicile.** — Alliance avec Apollonie.	488				Démétrius, fils de Gonatas, chasse Alexandr s'empare de l'Epire.
65. — Punition des esclaves de Vulsinics. — Fabius Gurgès périt au siége de cette ville. — Les Mamertins implorent le secours du peuple romain.	489	Il s'allie aux Carthaginois contre les Mamertins.	Leur attaque contre les Mamertins appelle en Sicile les armes romaines. Défaites consécutives.		
64. — **PREMIÈRE GUERRE PUNIQUE.** — Appius Claudius Caudex passe en Sicile et bat Hiéron et les Carthaginois. (*Premier combat de gladiateurs à Rome*).	490	Les Romains entrent en Sicile.			
63. — Traité de paix conclu avec Hiéron. — Prise de Messine par Valérius, surnommé Messala.	491	Battu par les Romains, il conclut avec eux une alliance qui dure cinquante ans.			
62. — Agrigente est enlevée aux Carthaginois après un siége de six mois.	492				
61. — Construction d'une flotte romaine.	493				
60. — Scipio Asina est fait prisonnier. — **VICTOIRE DE DUILIUS A MYLES.**	494		Défaite navale de Myles.		
59. — L. Corn. Scipion chasse les Carthaginois de la Corse et de la Sardaigne.	495		Annibal l'ancien est défait près de la Sardaigne.		
58. — Le dévouement de Calpurnius Flamma sauve le consul Atilius Calatinus. — Soumission de presque toute la Sicile carthaginoise.	496			Alexandre recouvre l'Épire avec le secours des Acarnaniens.	
57. — Victoire navale d'Atilius Régulus Serranus près de Lipari.	497				
56. — **M. Atilius RÉGULUS,** vainqueur à Ecnome, passe en Afrique. — Prise de Clypéa et de Tunis. — Il rejette les propositions des Carthaginois.	498				Gonatas rend aux Athéniens leur gouverneme mais il maintient une garnison dans leurs m
55. — **Régulus proconsul est défait et pris par Xantippe.** — La nouvelle flotte victorieuse est détruite par les tempêtes. — Agrigente est reprise par les Carthaginois.	499		Victoire due au Lacédémonien Xantippe. — Prise et destruction d'Agrigente.		
54. — Siége et prise de Panorme.	500				
53. — Le naufrage près du cap Palinure suspend les expéditions maritimes.	501		Vaincus en Sicile, les Carthaginois restent maîtres de la mer.		
52. — Prise d'Himère et de Lipari. — (*T. Coruncanius, premier grand pontife plébéien.*)	502				
51. — Le sénat ordonne d'équiper une nouvelle flotte.	503		Il ne reste aux Carthaginois que Drepane et Lilybée		Gonatas, déjà maître de la ville de Corinthe, s'empar la citadelle

GRÈCE. Sparte et *Péloponnèse.*	GRÈCE. Étolie. — Achaïe.	ASIE-MINEURE.	SYRIE.	ÉGYPTE.	HIST. SAINTE.
75. — Rois : **Aréus Ier et Archidamus IV.**)	(*Athènes, pendant cette période, abdique tout rôle politique, et tombe en 268 au pouvoir de Gonatas.*)				
74		BITHYNIE.	Nicomède, roi de Bithynie, récompense les Gaulois, ses alliés, en les établissant en Phrygie sur les terres d'Antiochus. — Une victoire remportée par le roi de Syrie sur les Gaulois lui fait donner le nom de Soter.		
73. — Pyrrhus, appelé par Cléonyme, assiége Sparte pendant l'absence d'Aréus.		*Zipétès*, fils de Bas, avait reconnu la suprématie macédonienne. — *Nicomède Ier*, son fils, rendit l'indépendance à la Bithynie vers 280, lutta contre Antiochus Soter et favorisa l'établissement des Gaulois (Galates) en Phrygie. — En 262 il agrandit Astacus, qu'il nomma *Nicomédie*. — Il régna jusqu'en 250.		Traité avec les Romains.	
72. — (127me *Olympiade*). — Aréus, aidé des troupes d'Antigone, repousse Pyrrhus ; *celui-ci court attaquer Argos et est tué de la main d'une vieille femme.*					
71					
70. — Les Spartiates, menacés par Gonatas, s'allient à Philadelphe.				Il s'unit au roi de Sparte Aréus pour attaquer la Macédoine.	
69. — Aréus est repoussé de la Macédoine.				Ses troupes sont repoussées par Antigone.	
68. — (128me *Olympiade*).	Pendant que Gonatas domine sur la partie orientale de la Grèce, les Étoliens, ses alliés, s'étendent sur la partie occidentale, où ils occupent successivement l'Acarnanie, l'Élide et les villes de Mantinée, Tégée et Orchomène en Arcadie, d'où ils menacent Sparte.	—		Son amiral Patrocle, mal secondé par Aréus, revient en Egypte.	
67		PONT.			
66. — *Aréus Ier est tué* devant Corinthe. — **ACROTATUS Ier**, son fils.		Les rois de Pont, presque indépendans sous les Perses, le devinrent complétement à l'époque des Séleucides.			
65. — *Acrotatus est vaincu et tué* par le tyran Aristomène sous les murs de Mégalopolis. — **ARÉES II**, son fils.				Révolte de Magas à qui il avait donné la Cyrénaïque.	
64. — (129me *Olympiade*).		*Rois depuis la mort d'Alexandre.*	Guerre injuste contre l'Égypte. — Il tente en vain de soutenir la révolte de Magas de Cyrène contre Philadelphe.	Il repousse les attaques de Magas et d'Antiochus.	
63		Mithridate II reprit le Pont sur Antigone et m. en 302. Mithridate III, de 302 à 266 ; Mithridate IV, de 266 à 222.			
62					
61					
60. — (130me *Olympiade*). — *Mort d'Aréus II.* — **LÉONIDAS II**, fils de Cléonyme.		— PERGAME.	*Mort d'Antiochus Ier, Soter.* — **ANTIOCHUS II** (THÉOS). — *Il reçut ce surnom des Milésiens qu'il avait délivrés de la tyrannie de Timarque, gouverneur de Carie pour Philadelphe.* — Il continue sans succès la guerre contre l'Égypte.		*Mort d'Éléasar.* — **MANASSÉ**, son oncle, au détriment d'Onias, fils d'Éléasar.
59		Ce royaume fut formé, en 283, par Philétère, gouverneur pour Lysimaque ; à sa mort, en 263, Eumène Ier, son neveu, prit le titre de roi, et régna jusqu'en 241.			
58. — *Mort d'Archidamus IV*, proclide. — **EUDAMIDAS II.**					
57					
56. — (131me *Olympiade*). — Les Spartiates s'affaiblissent par l'envoi de Xantippe au secours de Carthage.					
55		—	Démembrement de l'empire de Syrie. — Théodote se fait proclamer roi de Bactriane. Arsace et Tiridate fondent le royaume des Parthes ou Arsacides.		
54		CAPPADOCE.		Fondation de Ptolémaïs en Phénicie et de Bérénice (Myos-Ormos) sur la mer Rouge.	
53		A la mort d'Alexandre, la Cappadoce fit partie de la Satrapie d'Eumène, puis du royaume d'Antigone. Elle recouvra son indépendance vers 300. — Rois peu connus.			
52. — (132me *Olympiade*).			*Mort d'Arsace Ier.* — **TIRIDATE** ou **ARSACE II**, règne seul.		
51	Aratus délivre Sicyone de la tyrannie de Nicoclès, et l'associe à la ligue Achéenne.			Ptolémée fournit de l'argent à Aratus pour le rétablissement de l'indépendance Hellénique.	

RÉPUBLIQUE ROMAINE.	ANS de Rome.	SICILE.	CARTHAGE et ESPAGNE.	EPIRE.	MACÉDOINE.
50. — Victoire de Métellus près de Panorme. — Commencement du siége de Lilybée. — **Régulus, envoyé à Rome, fait rejeter l'échange des prisonniers.**	504	...	...	...	...
49. — Défaite navale de Claudius Pulcher à Drépane. — Naufrage de la flotte de Junius. — Il est pris dans Eryx.	505	**Suite du règne d'Hiéron II.**	Victoires navales d'Adherbal et de Carthalon.		
48. — Junius, prisonnier à Carthage, se donne la mort. — Le sénat renonce une seconde fois à la guerre maritime.	506				
47. — Les consuls continuent les siéges de Lilybé et de Drépane. — Ils sont tenus en échec par Amilcar Barca.	507	...	Amilcar Barca ravage les côtes de l'Italie et revient en Sicile arrêter les progrès des consuls. — Naissance d'**Annibal.**		
46 ...	508				
45. — La victoire d'Egimure, remportée par des armateurs romains, est rendue inutile par un naufrage.	509				
44 ...	510	...	Amilcar s'empare d'Eryx, assiége les Romains enfermés dans le temple de Vénus Erycine, et est lui-même assiégé par les Romains.		
43 ...	511	...	...	...	*Mort d'Antigone Gonatas* (80 ans). — **DÉMÉTRIUS II.** — Comme son père, il s'oppose aux progrès d'Aratus
42. — Equipement d'une nouvelle flotte, grâce au zèle des citoyens. ...	512	...	...	*Mort d'Alexandre II.* — **PYRRHUS III,** sous la tutèle de sa mère Olympias.	
41. — Victoire navale de Lutatius Catulus près des îles Egates. — Traité de paix. — **FIN DE LA PREMIÈRE GUERRE PUNIQUE.** — *Le nombre des tribus est porté à* 35. — Guerre de 6 jours contre les Falisques.	513	...	Hannon est défait près des îles Egates. — Amilcar est chargé de traiter de la paix. — La Sicile carthaginoise est réduite en province romaine.		
40. — *Livius Andronicus fait représenter à Rome la première pièce de Théâtre.*	514	...	Révolte des Mercénaires sous la conduite de Mathos et de Spendius.		
39 ...	515	...	La rivalité d'Hannon et d'Amilcar favorise leurs progrès. — Carthage reçoit les secours de Rome et d'Hiéron.		
38. — Guerre contre les Liguriens et les Gaulois. — Sempronius bat les Liguriens, puis descend en Sardaigne et en Corse. — Valérius, défait par les Gaulois, est vainqueur dans une seconde bataille.	516	...	Hannon et Amilcar se réconcilient. — *Mathos est mis à mort.*	Alliance avec Démétrius contre les Etoliens. — Olympias lui donne sa fille Phthia.	Démétrius secourt le roi d'Épire attaqu par les Etoliens.
37. — Les Carthaginois abandonnent la Sardaigne et la Corse. — Victoire de Lentulus en Ligurie.	517	Hiéron vient à Rome assister aux jeux séculaires.	Soumission des villes révoltées. — Carthage perd la Sardaigne et la Corse, et se soumet à un nouveau tribut. — Amilcar Barca passe en Espagne avec son fils Annibal.		Il enlève la Béotie à la ligue étolienne domine depuis les Thermopyles jusqu' Sunium.
36. — Les Boïens cèdent une partie de leur territoire pour obtenir la paix. — Révolte des Corses. — Licinius Varus les défait.	518				
35. — Manlius soumet la Sardaigne. — *Le temple de Janus est fermé, mais il est rouvert la même année.*	519	...	...	*? Mort de Pyrrhus III.* — **PTOLÉMÉE.**	
34. — Carvilius triomphe de la Sardaigne. — *Nævius donne sa première pièce.*	520		**Conquêtes d'Amilcar en Espagne.**		
33. — Fabius Maximus triomphe des Liguriens, et Pomponius, des Sardes. .	521	...	...	*? Mort de Ptolémée.* — Sa sœur, **Laodamie,** régna quelque temps, et fut, suivant quelques-uns, assassinée par ses sujets indignés d'obéir à une femme. L'Épire alors se constitua en république.	*Mort de Démétrius II.* — **ANTIGONE DOSO** son frère, nommé tuteur de son neveu Phi lippe, prend le titre de roi.
32. — Flaminius, tribun du peuple, propose le partage des terres des Sénonais dans le Picenum; il est arraché de la tribune par son père. — Sa proposition est reprise et adoptée.	522	...	...		Il réprime la révolte des Thessaliens, de Dardaniens et des Macédoniens eux mêmes. — Aratus lui enlève Athènes Sunium et Salamine.
31. — *Premier divorce à Rome.* — Papirius, vainqueur des Corses, triomphe sur le mont Albain malgré le sénat.	523				
30. — **Teuta,** reine d'Illyrie, fait massacrer les ambassadeurs romains. . .	524				
29. — Les consuls passent en Illyrie. — **Démétrius de Pharos** livre Corcyre aux Romains.	525	...	Amilcar Barca est tué en Lusitanie. — Asdrubal, son gendre, achève la conquête de l'Espagne en-deçà de l'Ebre.		La guerre des Romains en Illyrie menac l'indépendance de la Macédoine et de la Grèce.
28. — Traité de paix imposé à Teuta. — La régence lui est enlevée et donnée à Démétrius.	526				
27. — Traité conclu avec Asdrubal. ...	527	...	Traité avec les Romains sur la limite de l'Ebre et la liberté de Sagonte.		
26. — Les Boïens se soulèvent et appellent les Gésates. — Tumultus Gallicus. — Sacrifices humains.	528				

GRÈCE. — SPARTE.	GRÈCE. — LIGUE ACHÉENNE.	ASIE-MINEURE.	SYRIE.	PARTHES.	EGYPTE.	H.-SAINTE.
50. — (Rois : **Léonidas II** et **Eudamidas II**).	**ARATUS** (22 ans), est élu Stratége des Achéens. — Il forme le projet de rétablir l'indépendance hellénique.	. . . .	Paix avec l'Égypte. — Antiochus répudie Laodice pour épouser Bérénice, fille de Philadelphe.	. . . .	. . . .	. . . .
49 .		BITHYNIE. 250. — *Mort de Nicomède Ier.* — ZIELA, son fils, chasse son frère Tibite à l'aide des Gaulois.				
48. — (133me *Olympiade*).						
47	*Aratus* tente en vain de secourir les Béotiens contre les Etoliens. — Les Béotiens, battus à Chéronée, subissent l'alliance de l'Etolie. — Thèbes cesse de prendre part aux luttes de la Grèce, et tombe dans un honteux oubli.	. . . .	*Mort d'Antiochus II,* empoisonné par Laodice, qu'il avait reprise. — SÉLEUCUS II CALLINICUS. — Bérénice est mise à mort avec son fils — Guerre avec l'Égypte.	. . . .	*Mort de Philadelphe.* — PTOLÉMÉE III ÉVERGÈTE. —	
46				. . . .	Il envahit la Syrie, et venge la mort de sa sœur Bérénice par le supplice de Laodice.	
45	. . . .	237. — Ziela est tué par les Gaulois. — PRUSIAS Ier, ou le Boiteux, son fils. Il régne jusqu'à 192.	. . . .	. . . .	Il porte ses armes jusqu'en Perse.	
44. — (134me *Olympiade*). — *Mort d'Eudamidas II.* — AGIS IV, son fils (20 ans).	. . . .		Une tempête détruit la flotte qu'il avait armée contre ses sujets révoltés. — Ceux-ci se soumettent.	. . . .	Rappelé par une révolte en Egypte, il y rapporte les images des dieux enlevées par Cambyse. Menacé par les deux princes Syriens, il conclut avec eux une trève de 10 ans. — Il seconde les efforts d'Aratus contre le roi de Macédoine.	Au retour de son expédition, Ptolémée sacrifie, dit-on, au Dieu des Juifs dans le temple de Jérusalem.
43	*Aratus,* élu Stratége pour la 2e fois enlève l'Acro-Corinthe aux Macédoniens. — Mégare, Trézène, Epidaure entrent dans la ligue Achéenne. — Aratus fait nommer *Ptol. Evergète* généralissime de la ligue. — Il échoue dans ses attaques contre les tyrans d'Argos, secourus par les Macédoniens.	. . . .	Séleucus II, battu par Évergète appelle à son secours Ant. HIÉRAX, son frère. — Trève avec l'Egypte.	Forcé de fuir devant Callinicus, Tiridate se retire chez les Scythes. Pendant la guerre entre Hiérax et Callinicus, il recouvre la Parthie et fait la conquête de l'Hyrcanie.		
42		. . . .	HIÉRAX se révolte contre son frère, qu'il défait près d'Ancyre.			
41		. . . .	Eumène attaque et défait Hiérax.			
40. — (135me *Olympiade*). — Agis tente de rétablir les lois de Lycurgue. Léonidas est déposé et remplacé par son gendre Cléombrote.	. . . .	. . . PONT. . . .	Hiérax, défait à son tour par Callinicus, se réfugie en Cappadoce et de là en Egypte. — Enfermé dans une prison, il s'en échappe quelques années après et périt dans sa fuite.			
39. — Rappel de Léonidas. — *Agis IV* est mis à mort avec sa mère et son aïeule.		Suite du règne de *Mithridate IV.* — Il repoussa les Gaulois.				
38. — *Mort de Léonidas II.* — CLÉOMÈNE III, son fils. — Il avait épousé Agiatis, veuve d'Agis IV.	*Aratus* chasse les Etoliens du Péloponnèse. — Première tentative inutile sur le Pirée.					
37	*Aratus,* par politique, s'unit aux Étoliens menacés par Démétrius II.					
36. — (136me *Olympiade*).	. . . .	———	Première expédition contre les Parthes pour recouvrer les provinces enlevées par Arsace. Il est repoussé.			
35						
34	. . . .	. . . .	. . . .	. . . .	Paix définitive avec la Syrie. . .	
33	*Aratus* attaque de nouveau Athènes. — Il est repoussé par un lieutenant de Démétrius.					
32. — (137me *Olympiade*).	Secondée par Aratus, Athènes secoue le joug macédonien.	PERGAME.				*Mort de Manasse* — ONIAS II (l'Avare). Occupé à grossir ses trésors, il néglige de payer le tribu au roi d'Egypte.
31	Argos, Hermione et Phliunte se joignent aux Achéens.	241. — *Mort d'Eumène Ier.* — ATTALE Ier, son cousin-germain, fondateur de la célèbre bibliothèque de Pergame.				
30	. . . .					
29	La ligue achéenne embrasse tout le Péloponnèse, excepté la Laconie, l'Elide et une partie de l'Arcadie.	———	Seconde expédition de Callinicus contre les Parthes. Il est battu et emmené prisonnier à la cour d'Arsace II (Tiridate).	Tiridate bat Callinicus qu'il fait prisonnier. *Cette victoire est regardée par les Parthes comme la véritable époque de leur indépendance.*	*(Evergète protégea les lettres et les sciences.) Sous son règne,* ERATOSTHÈNE, *de Cyrène, géomètre, astronome et philosophe fut préposé à la bibliothèque d'Alexandrie.)*	
28. — (138me *Olympiade*).		CAPPADOCE. 46. — *M. d'Ariamne III.* — ARIARATHE IV. — Il battit les Parthes et recula les frontières de la Cappadoce.				
27	Ambassade envoyée par le sénat romain à Corinthe et à Athènes.					
26. — Révolution de Sparte. — CLÉOMÈNE, vainqueur d'*Aratus,* fait égorger les Ephores, et rétablit la Constitution de Lycurgue. Il choisit son frère Euclidas pour second roi.	Aratus est élu stratége pour la douzième fois. — Il attaque l'Arcadie spartiate, et est repoussé par Cléomène.		*Pendant sa captivité les Gaulois attaquent la Syrie.*			

RÉPUBLIQUE ROMAINE.	SICILE.	ANS de Rome.	ESPAGNE.	MACÉDOINE.
25. — D'abord vainqueurs à Clusium, les Boïens sont défaits à Télamone, et se soumettent.		529	Asdrubal fonde Carthagène.	
24		530		
23. — Les Romains passent le Pô pour la première fois. — Victoire sur les Insubriens, près de l'Adda. — Flaminius obtient du peuple le triomple que le sénat lui refusait.		531		Doson, appelé par Aratus, s'empare de Corinthe, puis d'Argos.
22. — Troisièmes dépouilles opimes remportées par **MARCELLUS** sur Viridomare, roi des Gésates. — Prise de Milan. — Les armes romaines sont parvenues aux Alpes.		532		La victoire de Sellasie rétablit en Grèce la suprématie mace donienne.
21. — Soumission de l'Istrie		533	*Asdrubal* périt assassiné. — **ANNIBAL**, âgé de 25 ans, lui succède.	*Mort d'Antigone Doson.* — **PHILIPPE III**, son neveu (17 ans) sous la tutelle d'Apellas.
20. — Guerre déclarée à Démétrius de Pharos, qui avait abandonné la cause de Rome.		534	Il soumet les Olcades et défait les Carpétans. — Sagonte, menacée, implore le secours des Romains.	Appelé par Aratus, Philippe prend part à la guerre des deu ligues. — Prise d'Ambracie.
19. — Démétrius, défait, se retire auprès de Philippe III, roi de Macédoine.		535	Siége et prise de *Sagonte*. — Expédition d'Annibal en Italie.	Il repousse les invasions des Étoliens et des Dardaniens.
18. — **SECONDE GUERRE PUNIQUE.** — Annibal passe le Rhône et franchit les Alpes. — Il est vainqueur sur le Tésin et la Trébie.		536	Cn. Cornélius Scipion passe en Espagne, défait Hannon, et s'empare de Tarragone.	Trahison de ses ministres jaloux d'Aratus. — Prise de The mus, défaite des Spartiates alliés des Etoliens.
17. — Flaminius est défait et tué près du lac Trasimène. — Q. Fabius, prodictateur, sauve Minucius; il est surnommé Cunctator.		537	Asdrubal est défait sur mer. — Cneus le force à se retirer en Lusitanie. — Publius vient rejoindre son frère.	Philippe se hâte d'accorder la paix aux Etoliens, pour se mêle à la lutte d'Annibal contre Rome.
16. — Consulat de Paul-Émile et de Varron. — Défaite de **CANNES**. — Capoue ouvre ses portes à Annibal. — Défait devant Nole, par Marcellus, il prend ses quartiers d'hiver à Capoue.		538	Les victoires des deux Scipions empêchent Asdrubal de passer en Italie.	Il construit une flotte de cent galères.
15. — Posthumius Albinus est tué dans la Cisalpine. — Deuxième victoire de Marcellus. — La révolte de Sardaigne est comprimée par Manlius Torquatus. — *Loi Oppia.*	*Mort d'Hiéron II.* — **HIÉRONYME** son petit fils, s'allie aux Carthaginois.	539	Ils forcent les Carthaginois à lever le siége d'Illiturgis et d'Intibili.	Traité d'alliance avec Annibal. — Philippe s'empare d'Oricu et assiége Apollonie.
14. — *Première guerre de Macédoine.* — Sempronius Gracchus défait Hannon. — Troisième victoire de Marcellus. — Fabius reprend Casilinum. — Marcellus passe en Sicile.	Il périt avec sa famille sous les coups de la faction démocratique. — Epicyde et Hippocrate se déclarent pour Annibal. — Siége de Syracuse par Marcellus.	540	Asdrubal et Magon sont vaincus dans quatre combats, et les Carthaginois sont chassés de Sagonte.	*Première guerre de Macédoine* — Lævinus reprend Oricum, force Philippe à brûler sa flotte.
13. — Annibal assiége Tarente.		541	Alliance avec Syphax, roi de Numidie.	
12. — Tarente est livrée à Annibal. — Il fait lever aux Romains le siége de Capoue. — Sempronius est tué dans une embuscade. — Défaite de Pénula et de Cn. Fulvius.	Prise de Syracuse. — *Mort d'Archimède.*	542	*Les deux Scipions se séparent; leur défaite et leur mort.* — Le courage de Marcius sauve l'armée romaine.	Traité d'alliance contre Philippe entre les Etoliens et le pro préteur Lævinus.
11. — Vaine tentative d'Annibal sur Rome. — Il se retire dans le Brutium. — Capoue est reprise par les Romains.		543	Claudius Néron laisse échapper Asdrubal d'un défilé. — Le jeune *Scipion*, proconsul à 24 ans, se rend en Espagne.	Lævinus s'empare d'Anticyre. — Rome suscite contre Philipp les Spartiates, les Eléens, les Messéniens, les Athéniens, Ple ratus et Attale.
10. — Annibal est vainqueur à Herdonée. — Marcellus lui enlève Salapie.	Lævinus prend Agrigente. — Toute la Sicile est réduite en province romaine.	544	Il s'empare de Carthagène, et gagne, par sa générosité, le cœur des chefs espagnols.	
9. — Bataille de trois jours entre Marcellus et Annibal près de Canusium; Marcellus reste vainqueur. — Fabius reprend Tarente.		545	Asdrubal, quoique défait par Scipion, franchit les Pyrénées.	
8. — Marcellus périt dans une embuscade.		546	Il lève des troupes en Gaule et passe en Italie.	Philippe bat Sulpicius près de Corinthe, puis il est défait à El et retourne en Macédoine.
7. — Arrivée, défaite et mort d'Asdrubal sur le Métaure. — Sa tête est jetée dans le camp d'Annibal qui se retire dans le Brutium.		547	Victoire décisive de Scipion sur Asdrubal Giscon et Magon. Il passe en Afrique et s'allie avec Syphax. — A son retour, il appaise une sédition. — Entrevue avec Massinissa. — Prise de Gadès, dernière place carthaginoise.	Campagne de Philippe en Grèce contre Machanidas, Attale Sulpicius.
6. — Retour de Scipion. — Il brigue et obtient le consulat à 29 ans.		548		
5. — Scipion, consul, est retenu en Sicile par la politique timide du sénat. — Il envoie Lælius ravager les côtes d'Afrique et enlève Locres à Annibal.		549	Indibilis et Mandonius périssent en cherchant à soulever l'Espagne.	Traité de paix entre Philippe et le proconsul Sempronius Tu ditanus.
4. — Syphax rompt l'alliance avec Rome. — Scipion passe en Afrique. — Défaite et mort d'Hannon, fils d'Amilcar. — Siége d'Utique. — Annibal se renferme dans Crotone. — Caton amène *Ennius* de la Sardaigne.		550		Philippe déclare la guerre à Attale et aux Rhodiens. — Il com pense ses pertes par des conquêtes en Thrace.
3. — Incendie des deux camps ennemis. — Défaite d'Asdrubal Giscon et de Syphax dans les grandes plaines; Syphax est fait prisonnier. — *Mort de Sophonisbe.* — Magon, blessé en Insubrie, meurt en mer.		551		Il ravage l'Attique. — Plaintes d'Athènes, de Rhodes et d'Attal portées à Rome.
2. — Annibal est rappelé d'Italie. — Entrevue avec Scipion. — Victoire de **ZAMA**. — *Fin de la deuxième Guerre Punique.*		552		Il envoie des soldats et de l'argent à Annibal.
201. — Paix humiliante imposée à Carthage.		553		

Grèce. Sparte.	Grèce. Les deux Ligues.	Asie Min.	Syrie.	Parthes.	Égypte.	Hist. Sainte.
25. — (*R. Cléomène III* et son frère *Euclidas*).			*Callinicus meurt, dit-on, chez les Parthes.* — SÉLEUCUS III Céraunus son fils.			Menaces d'Evergète. — Joseph, neveu d'Onias, obtient la faveur d'Evergète, qui lui cède la ferme de plusieurs provinces. — Il parvient ainsi à acquitter la dette de sa nation.
24. — (139me *Olympiade*). — Cléomène bat les Achéens près de Dymes. — Il demande en vain le titre de généralissime des Achéens.	Aratus rompt les négociations avec Cléomène.	BITHYNIE.	Sous la conduite d'Achéus, son oncle maternel, il reprend le Taurus sur Attale.		Evergète envoie des secours à Cléomène.	
23. — Il lutte dans le Péloponnèse contre Doson.	Menacé par Cléomène, abandonné par les Etoliens, il invoque l'appui d'Antigone Doson.	Suite du règne de PRUSIAS Ier.	*M. de Séleucus.* — ANTIOCHUS III (le Grand), son frère.			
22. — Cléomène, défait à *Sellasie*, s'enfuit en Egypte. — Antigone entre à Sparte, détruit les réformes de Cléomène, et suspend la royauté.			Achéus recouvre les provinces envahies par Attale. — Révolte de Molon et d'Alexandre.		Il accueille Cléomène défait à Sellasie.	
21. — Les Spartiates massacrent les partisans des Macédoniens.	Philippe III est reconnu généralissime de la ligue. — Les Messéniens pillent la Messénie et l'Elide. — Aratus est défait à Caphyes.		Molon défait l'armée d'Antiochus; il s'empare de la Babylonie.		*Mort de Ptolémée Evergète.* — PT. PHILOPATOR, son fils. — Il a pour ministre Sosibius.	
20. — (140me *Olympiade*) — Élection *d'Agésipolis III* (Héraclide), et de *Lycurgue*, qui bientôt chasse son collègue, et prend le parti des Etoliens.	*Guerre des deux Ligues.* — Scopas attaque la Macédoine d'où il est repoussé.	PONT.	Achéus, en Asie min., prend le titre de Roi. — Antiochus marche contre Molon, que son armée abandonne. — Molon et Alexandre se donnent la mort.		Il fait périr son frère Magas et sa mère Bérénice. — Soulèvement de Cléomène: il échoue et se donne la mort. — Horribles vengeances de Philopator.	*Mort d'Onias II.* — SIMON III, son fils. — *Vers cette époque paraissent les nouvelles sectes des Pharisiens, des Saducéens et des Esséniens.*
19	Philippe enlève la Triphylie aux Étoliens.	222. — *Mort de Mithridate IV.* — MITHRIDATE V.				
18. — Lycurgue est battu deux fois par Philippe.	Nouvelles défaites des Étoliens.		Antiochus fait assass. le perfide et ambitieux Hermias. — Il pénètre en Cœlé-Syrie et en Phénicie.		La trahison de Théodote ouvre à Antiochus les portes de Tyr et de Sidon.	
17. — Paix accordée par Philippe.	Le *Traité de Naupacte* met fin à la guerre. — Philippe conclut la paix d'après les conseils d'Aratus.		Il perd le fruit de ses conquêtes par sa défaite à Raphia.	*Mort de Tiridate.* — ARTABAN ou ARSACE III son fils.	La victoire de **Raphia** rend à Philopator la Phénicie et la Cœlé-Syrie.	La défaite d'Antiochus à Raphia laisse la Palestine au roi d'Egypte. — Pt. Philopator tente en vain de pénétrer dans le sanctuaire.
16. — (141me *Olympiade*).		PERGAME.				
15		224. — *Attale Ier* agrandit ses états aux dépens des rois de Syrie.	Il soumet, avec le secours d'Attale, le rebelle Achéus, qui est mis à mort.			
14			Il porte ses armes vers l'Orient. — Guerre contre *Arsace III.*			Philopator, pour se venger, persécute les Juifs d'Alexandrie.
13	Philippe fait empoisonner Aratus.	Dans la guerre contre Philippe, il joignit ses forces à celles des Romains dont il resta le fidèle allié.				
12. — (142me *Olympiade*).	Traité d'alliance entre Rome et les Étoliens.					
11. — Déposition de Lycurgue.	Plusieurs peuples accèdent à cette alliance. — Scopas attaque l'Acarnanie.					
10. — *Machanidas* usurpe la tyrannie à Sparte. — Il entre dans la ligue contre Philippe.			*Traité avec Arsace III.* — Antiochus est forcé de reconnaître l'indépendance de la Parthie.	Défaite du roi de Syrie.		
8	**PHILOPŒMEN** relève la ligue Achéenne.	CAPPADOCE.	Guerre contre Euthydème, roi de Bactriane.		Par les conseils de son favori Agathocle, il fait périr sa femme Arsinoé.	
8. — (143me *Olympiade*)	Il gagne sur les Étoliens la bataille de Larisse, et tue leur général.	20. — *Mort d'Ariarathe IV.* — ARIARATHE V.				
7						
6. — *Machanidas est défait et tué par Philopœmen* près de Mantinée. — NABIS lui succède.	Il défait et tue de sa propre main le tyran *Machanidas*.		Euthydème soustrait ses états à la domination Syrienne.			
5	Paix conclue entre Philippe, Rome et leurs alliés.		Tentatives contre l'Inde restées sans succès.			
4. — (144me *Olympiade*).	Philopœmen échappe à Argos aux assassins envoyés par Philippe.				*Mort de Philopator.* — PT. ÉPIPHANE (5 ans). — L'ambitieux Agathocle est mis à mort.	
3			*Traité avec Philippe III* pour la conquête de l'Égypte.		Menacé par Antiochus, Aristomène, régent de l'Egypte, défère au sénat romain la tutelle du jeune roi Ptolémée.	
2	La ligue se reforme contre Philippe.		Il envahit la Phénicie, la Cœlé-Syrie et la Palestine perdues par la journée de Raphia.			Les Juifs aident Antiochus III à chasser les Egyptiens de leur pays.
201						

RÉPUBLIQUE ROMAINE.	CISALPINE, — CORSE. — SARDAIGNE. — ISTRIE.	ESPAGNE.		ANS de Rome.	NUMIDIE.	MACÉDOINE.
200. — La deuxième guerre de Macédoine est décrétée. — Nouvelles formules du code Ælien.	Soulèvement de 40,000 Gaulois-Cisalpins. — Ils sont défaits près de Crémone par le préteur Furius-Purpureo.	Les Sédétans prennent les armes. — Ils sont défaits par Corn. Céthégus.		554	Les Romains donnent à Massinissa une partie du territoire Carthag.	*Deuxième guerre de Macédoine.* — Sulp Galba passe en Grèce, secourt Athènes Philippe assiége deux fois en vain.
99 ...	Les Insubriens défont le préteur Cn. Bæbius-Tamphilus.	...		555	Massinissa envahit une province Carthaginoise.	Incursion en Macédoine du proconsul Sulpic — Campagne inutile de Villius.
98. — Caton, préteur, se rend en Sardaigne.	...	...		556	...	Flaminius défait Philippe sur l'Aoüs. — P lippe se retire en Thessalie.
97. — La loi Porcia (de Porcius Læca) renouvelle la défense de mettre à mort ou de frapper un citoyen romain.	Minucius soumet une partie de la Ligurie. — Céthégus défait les Insubriens par la trahison des Cénomans.	Division de l'Espagne en ultérieure et citérieure. **Esp. ultérieure.**	— Soulèvement de la citérieure. — C. Semp Tuditanus est tué.	557	...	Flaminius, proconsul, secondé par les Eto'i est vainqueur près de Cynoscéphales.
96 ...	Marcellus taille en pièces 40,000 Insubriens. — Défaite des Boïens.	Corn. Scip. Nasica défait les Lusitaniens près d'Ilipa.	Minucius Thermus est vainqueur près de Turba.	558	...	Paix onéreuse accordée à Philippe. — Son Démétrius est envoyé à Rome en ôtage.
95. — Caton, consul, s'oppose en vain à l'abrogation de la loi Oppia. — Rome obtient de Carthage l'exil d'Annibal.	...	...	Caton, consul, vainqueur à Empories, soumet le pays depuis l'Èbre jusqu'aux Pyrénées.	559		
94. — Le cens de cette année ne donne que 143,000 citoyens. — Une place spéciale est assignée aux sénateurs dans les spectacles.	Valerius Flaccus bat les Boïens et les Insubriens près de Milan. — Soumission des Insubriens.	...	Échecs de Digitius ...	560		
93. — Loi du tribun Sempronius contre l'usure.	Tumultus Gallicus. — Les Boïens sont défaits près de Modène.	...	...	561	Rome refuse de rendre à Carthage le territ. d'Emporia, enlevé par Massinissa.	
92 ...	Défaite des Liguriens près de Pise ...	Fulvius Nobilior bat près de Toletum les Vaccéens et les Vectons unis aux Celtibériens.	Les Celtibériens s'allient aux autres peuples révoltés.	562		Philippe, irrité contre Antiochus, prête s concours aux Romains dans la guerre contre roi de Syrie.
91 ...	Battus par Scip. Nas. Frugi, les Boïens se soumettent.	Les Lusitaniens défont le proconsul Paul Emile.	...	563		
90. — Caton compose ses annales vers cette époque.	...	Paul-Emile tue à son tour 20,400 Lusitaniens.	...	564	...	Il perd toutes les conquêtes que les Roma lui avaient permis de faire. — Remise d but. — Son fils Démétrius lui est rendu.
89 ...	Les Liguriens massacrent le préteur L. Bæbius avec son escorte.	...	...	565		
88. — Le cens donne 258,328 légionnaires, par suite de l'adjonction des Campaniens.	...	...	...	566		
87. — Scipion l'Africain, cité devant le peuple, l'entraîne au Capitole. — Son frère, l'Asiatique, est condamné.	Les Apuans et les Friniates sont forcés de rendre leurs armes.	Défaite sanglante des Lusitaniens sous les murs d'Asta.	...	567		
86. — Sénatus-consulte contre les Bacchanales.	Révolte des Apuans. — Ils surprennent dans un défilé le consul Marcius.	...	Défaite de 12,000 Celtibériens près de Calagurris par M. Acidinus.	568		
85 ...	Les Apuans sont défaits par Sempronius Tuditanus. — Guerre portée chez les Ingaunes.	Les Lusitaniens et les Vaccéens sont taillés en pièces.	Ils s'unissent aux Lusitaniens et aux Carpetans; vainqueurs près de Tolède, ils sont ensuite défaits.	569		
84. — Célèbre censure de Caton (l'Ancien). — Les préteurs détruisent les restes des Bacchanales. — *Mort de Plaute.*	Colonie fondée à Pollentia et à Pesaurum ...	...	...	570		
83 (ou 84). — *Mort de Scipion* à LiterNum.	Colonies de Parme, Modène et Aquilée ...	...	Succès d'Aul. Térentius Varron.	571		
82 ...	*Révolte en Sardaigne et en Corse appaisée par le préteur Pasca.*	...	Les Celtibériens sont défaits par Fulvius Flaccus, près d'Urbicua.	572	Nouvelle usurpation de Massinissa sur le territ. Carthaginois.	
81. — Découverte des livres de Numa. — *Le sénat les fait brûler.* — Loi Orchia.	Paul-Emile, préteur, soumet les Ingaunes et les Intéméliens.	...	...	573	Le sénat promet aux Carthaginois de ne plus permettre de nouvel envahissement.	Philippe se prépare à renouveler la guerre co tre Rome.
80. — Loi annale portée par le tribun Villius; elle fixe l'âge pour les magistratures. — Nombreuses condamnations pour crime d'empoisonnement.	40,000 Liguriens sont transportés dans le Samnium.	...	Fulvius soumet la Carpétanie.	574		Philippe, trompé par Persée, empoisonne D métrius.
79 ...	...	...	...	575	...	*Mort de Philippe III.* — **PERSÉE**, son fils n turel. — Ses préparatifs contre Rome.
78 ...	A. Manlius Vulso attaque l'Istrie. — Surpris, il répare sa défaite.	Posthumius force les Lusitaniens et les Vaccéens à se soumettre.	Sempronius Gracchus défait les Celtibériens. — Traité équitable.	576		
77. — Le sénat ordonne aux alliés compris dans le cens de retourner dans leurs villes natales.	Epulon, assiégé dans Nésactie, se donne la mort. — Soumission de l'Istrie. — Le consul Sempronius Gracchus défait les Sardes.	...	...	577		
76 ...	Nouveau soulèvement des Apuans et des Friniates réprimé. Le consul Pétilius est tué en attaquant les Liguriens. — Valérius Lævinus venge la mort de son collègue.	...	...	578		

Grèce. Sparte.	Etolie et Achaïe.	Asie-Mineure.	Syrie.	Parthes.	Egypte.	Hist. Sainte.
		—	—	—	—	—
200. — (145me *Olympiade*). — Nabis tente de s'agrandir aux dépens de la ligue.			Il soumet Smyrne, Lampsaque, les villes grecques asiatiques, et celles de la Chersonèse de Thrace.			
99	Les Etoliens se déclarent pour les Romains et ravagent la Perrhébie et la Thessalie. Philippe les défait.	Bithynie.	Ses conquêtes lui sont enlevées par l'Etolien Scopas.		L'Étolien Scopas, général de Pt. Epiphane, reprend la Cœlé-Syrie et la Palestine. Elles sont perdues de nouveau.	
98. — Philippe, pour s'attacher Nabis, lui cède Argos.	Les Achéens effrayés s'allient aux Romains.	192. *M. de Prusias Ier* d'une blessure reçue devant Héraclée. — **PRUSIAS II** (ou le chasseur) son fils.	La victoire d'Antiochus III dans les plaines de Panéas enlève à Ptolémée ses possessions d'Asie.			Antiochus rend la Palestine au roi d'Egypte.
97. — Flamininus détache Nabis de la cause de Philippe.	Thèbes est forcée de subir l'alliance romaine.		Paix conclue avec l'Egypte.		Par le traité de paix, Antiochus promet à Epiphane sa fille Cléopâtre et les provinces de Syrie pour dot.	
96. — (146me *Olympiade*). — Il fait déclarer la guerre à Nabis par les députés de la Grèce.	Flamininus proclame la liberté de la Grèce aux jeux isthmiques.			*M. d'Artaban.* — **PHRIAPATIUS.**	Scopas est mis à mort par Aristomène. Celui-ci fait couronner *Epiphane* qui épouse Cléopâtre. — Révolte et punition de Lycopolis.	
95. — Il accorde la paix à Nabis malgré les Achéens.	Les Romains quittent la Grèce.	183. Il consent à livrer Annibal aux Romains. **Annibal** s'empoisonne.	**Annibal** exilé de Carthage se réfugie auprès d'Antiochus.			*Mort du grand-prêtre Simon.* — **ONIAS III**, son fils.
94. — Après le départ des Romains, la guerre éclate entre Nabis et Philopœmen.						
93. — Philopœmen, quoique vainqueur de Nabis, est arrêté par les murailles de Sparte.	Les Étoliens déclarent la guerre à Rome et appellent Antiochus.		Le Carthaginois engage Antiochus à porter la guerre en Italie. — L'Etolien Thoas fait rejeter ce conseil.			
92. — (147me *Olympiade*). — *Nabis* est assassiné par les Étoliens qu'il avait appelés. Philopœmen unit Sparte à la ligue Ach.	Antiochus descend en Grèce.	Pont.	Antiochus soumet l'Eubée et la Thessalie. Il passe l'hiver à Chalcis.			
91	*Défaite d'Antiochus.* — Acilius prend aux Etoliens Héraclée et assiége Nanpacte.	184. *M. de Mithridate V.* — **PHARNACE Ier.** — Il fit la guerre à Eumène, roi de Pergame. De ses conquêtes il ne garda que Sinope, dont il fit sa capitale.	Défait aux **Thermopyles** par Acilius Glabrion et Caton, il rentre dans ses états.			
90	Fulvius Nobilior s'empare d'Ambracie.		Ses flottes sont battues. — Arrivée des deux Scipions. **Défaite d'Antiochus à Magnésie.** — Paix honteuse.			
89	Conquête de Céphalénie. — *Traité humiliant subi par les Etoliens.*		Manlius Vulso défait les Galates, alliés d'Antiochus.			
88. — (148me *Olympiade*). — Sparte, sollicitée par les Romains, tente de se séparer de la ligue. Philop. la fait démanteler.			La grande et la petite Arménie se détachent de l'empire.			
87		Pergame.	*Mort d'Antiochus III, assassiné à Elymaïs.* — **SELEUCUS IV**, Philopator, son fils.			
86		190. *Mort d'Attale Ier.* — **EUMÈNE II** son fils. Il soutient les Romains dans leurs guerres contre Antiochus et Persée. Guerre heureuse contre Prusias.			Ptolémée Epiphane fait mettre à mort Aristomène. — Nouvelle révolte de Lycopolis cruellement punie.	
85						
84. — (149me *Olympiade*).						
83	**Philopœmen** (70 ans) *est pris par les Messéniens révoltés et boit la ciguë.* — Sa mort est vengée par Lycortas.	— Cappadoce.				
82		**ARIARATHE V** fournit des troupes à son beau-père Ant. (le Grand) dans sa guerre contre les Romains.		(ou 178). *Mort de Phriapatius.* — **PHRAATE Ier**, son fils.		
81					*Ptolémée Epiphane meurt empoisonné.* — **PT. PHILOMETOR** (5 ans), sous la régence de sa mère Cléopâtre.	Séleucus Philopator profite de la minorité de Ptolémée Philométor pour lui reprendre la Palestine.
80. — (150me *Olympiade*).		Arménie.	Il tente de secourir Phavnace, roi de Pont, dans sa guerre contre Eumène, roi de Pergame. Il est arrêté par l'ordre des Romains.			
79	Callicrate, à son retour de Rome, est nommé Stratége.	189. Artaxias détache la grande Arménie du royaume de Syrie.				
78		—				
77		Zariadas rend également la petite Arménie indépendante.				Un juif nommé Simon, jaloux d'Onias III, excite l'avarice de Séleucus IV. — *Punition miraculeuse d'Héliodore, ministre du roi.*
76. — (151me *Olympiade*).			*Séleucus IV meurt empoisonné par son ministre Héliodore.* — Usurpation momentanée d'Héliodore. — **ANTIOCHUS IV**, Epiphane, frère de Séleucus.			

République Romaine.	Ligurie. — Corse. — Dalmatie.	Espagne. Ultérieure.	Espagne. Citérieure.	Ans de Rome.	Numidie.	Macédoine.
75	Les CC. Lépidus et Mucius Scévola désarment plusieurs tribus liguriennes.			579	Massinissa enlève à Carthage le territoire de Tysca et 70 villes.	
74			Nouvelle révolte des Celtibériens. Elle est réprimée par le préteur Claudius.	580		
73. — Postumius à Préneste, Fulvius Flaccus à Lanuvium donnent les premiers exemples de la tyrannie des magistrats romains envers les alliés.	*Cicéréius bat les Corses.* — Les cruautés de Popilius Lænas envers les liguriens Statyelles excitent l'indignation des Romains, mais demeurent impunies.			581		
72. — Eumène vient dénoncer à Rome les projets de Persée. — Troisième guerre de Macédoine.				582		*Troisième guerre de Macédoine.* — Persée n'a pour allié que Cotys, roi des Odryses.
71			Plaintes des Espagnols à peine écoutées.	583		Il remporte sur le consul Licinius quelques avantages dont il ne profite pas.
70			Salondicus tente de susciter une révolte en Celtibérie. — Il est tué.	584		Hostilius Mancinus tente en vain de pénétrer en Macédoine.
69. — La loi Voconia, soutenue par Caton, restreint le droit des femmes à hériter. — Le censeur Sempronius Gracchus fait rentrer les affranchis dans la tribu Esquiline. — *Mort d'Ennius.*				585		Q. Marcius Philippus force les passages de la Macédoine. — Inaction de Persée. — Inhabilité des préteurs romains.
68				586		Persée s'allie à Gentius. — Arrivée de *Paul-Émile.* — Anicius soumet l'Illyrie. — **Persée est défait à Pydna.** — Sa fuite. — Il est pris.
67. — Triomphe de Paul-Émile et d'Anicius ; le peuple romain est exempté d'impôt. — La loi Ælia exige la *spection* ou observation des phénomènes célestes pour les comices par tribus.				587		Persée et Gentius sont envoyés à Rome. — *Paul-Émile* pille et ravage l'Epire. — Il fait vendre cent cinquante mille Epirotes.
66. — *Térence fait jouer l'Andrienne.* — Prusias vient bassement implorer à Rome la pitié du peuple.	Cl. Marcellus triomphe des Gaulois et Sulpicius Gallus des Liguriens.			588		*Mort de Persée à Albe.*
65. — *Représentation de l'Hécyre aux jeux Mégalésiens.* — Défense faite aux rois de venir à Rome sans y être appelés.				589		
64. — Q. Marcius Philippus fait faire le premier cadran solaire sur le méridien de Rome.				590		
63	Sempronius Gracchus défait les Liguriens ; *son collègue Juventius Thalna bat les Corses.*			591		
62. — Les deux consuls sont remplacés pour défaut dans l'observation des augures.				592		
61. — Premier décret rendu contre les Rhéteurs grecs. — *Loi Fannia* contre le luxe de la table.				593		
60. — *Les Adelphes de Térence sont représentés aux jeux funèbres célébrés à la mort de Paul Emile.*				594		
59. — Censure de Scipion Nasica Corculum. — *Première Clepsydre.* — Peine capitale portée contre la brigue.	Défaite des Liguriens Eléates par le censeur M. Fulvius.			595		
58				596		
57				597		
56				598		
55. — *Premier théâtre avec des siéges en pierre.*	*Guerre déclarée aux Dalmates. — Le consul Marcius Figulus répare une défaite par une victoire décisive.*			599		
54. — Caton fait chasser de Rome les philosophes grecs Carnéade, Diogène et Critolaüs, envoyés par les Athéniens.	*Scipion Nasica prend Delminium, capitale des Dalmates, et la détruit.* — Victoire de Marcellus en Ligurie.			600		
53	Le consul Opimius gagne deux batailles sur les Liguriens.	Révolte des Lusitaniens. Ils défont le préteur Calpurnius Pison.	Les Celtibériens reprennent les armes.	601		
52. — Caton conduit à Carthage une ambassade romaine.		Mummius bat les Lusit. unis aux Vettons.	Fulvius Nobilior battu deux fois se laisse enlever Ocilis.	602		**Andriscus** tente de se révolter. — Il se retire chez Démétrius Soter qui le livre aux Romains.
51. — Une sédition force l'ambassade à se retirer. — Caton conseille la guerre ; Scipion Nasica s'y oppose.		M. Atilius force une partie d'entre eux à déposer les armes. Nouv. rév.	Marcellus consul reprend Ocilis.	603		Andriscus s'échappe et lève une armée de Thraces.

Grèce.	Asie-Mineure.	Syrie.	Parthes.	Égypte.	Histoire Sainte.
75	Bithynie.				**Jason** achète d'Antiochus Epiphane le titre de Grand-Pontife, et remplace son frère *Onias III*.
74	66. Prusias II se rend à Rome pour demander l'alliance des Romains. Il se déshonore par des bassesses d'esclave.				Jason accueille Antiochus avec magnificence à Jérusalem.
73				*Mort de Cléopâtre.* — La régence est conférée à Lenæus et à Eulæus.	**Ménélaüs** envoyé auprès d'Antiochus par Jason, le trahit et le supplante. — Fuite de Jason chez les Ammonites. — Sacrilége de Lysimaque qui est lapidé par le peuple.
72. — (152me *Olympiade*).	55. Il s'empare des états d'Attale II.			Majorité de Philométor.	Ménélaüs fait assassiner *Onias III* à Daphné. — Révolte des Juifs réprimée.
71. — Quelques villes grecques seulement se soulèvent en faveur de Persée.	54. Les Romains le forcent à restituer ses conquêtes.	Antiochus renouvelle la guerre contre l'Égypte. — Défaite des Egyptiens.		Antiochus envahit l'Egypte. — Prise de Peluse.	Sur un faux bruit de la mort **d'Antiochus IV** Jason reparaît à Jérusalem, d'où il est bientôt forcé de fuir. — Jérusalem est pillée et incendiée. — Horribles vengeances exercées par Antiochus IV.
70	Pont.	Il fait prisonnier le jeune roi. — Irrité de la résistance de Memphis, il ravage l'Egypte. — La révolte des Juifs l'appelle en Judée.		Philométor est fait prisonnier. — Les Alexandrins proclament Physcon.	Construction de l'Acra, citadelle Syrienne.
69	57. *Mort de Pharnace Ier.* — **Mithridate VI**, Evergète.	Antiochus, par politique, rend la liberté à Philométor.		Philométor, devenu libre, se réconcilie avec son frère.	**Supplice du vieil Eléazar et des sept frères Machabées.** — Apostasie des Samaritains. — L'idole de Jupiter est placée dans le temple de Jéhovah.
68. — 153me *Olympiade*).		Pour se venger des deux frères, il envahit l'Egypte. — **Il est arrêté par la baguette de Popilius Lænas.** — Il tourne sa fureur contre la Judée.		L'arrivée de Popilius Lænas arrête les conquêtes d'Antiochus IV. — Les provinces Asiatiques sont conservées au roi de Syrie, et Chypre au roi d'Égypte.	Matathias, retiré à Modin, rejette l'édit d'Antiochus, et s'enfuit dans les montagnes.
67. — **Paul-Émile**, vainqueur de Persée, transporte à Rome mille des principaux Achéens, et parmi eux Polybe. — Callicrate est mis à la tête de la ligue achéenne.	Pergame.				*Mort de Matathias.* — **Judas Macchabée**, son troisième fils, lui succède. Il chasse les impies des villes de Juda, et défait les généraux d'Epiphane.
66	Eumène II vers la fin de son règne devint suspect aux Rom. qui soutinrent contre lui Prusias et les Gaulois.	Révolte des Juifs, défaite des généraux d'Antiochus.			Victoire de Judas sur Lysias.
65					Judas s'empare de la montagne de Sion et purifie le temple. Il venge l'échec subi par deux de ses capitaines.
64. — (154me *Olympiade*).	57. *Mort d'Eumène II.* — Son fils, **Eumène III**, règne un an.	*Mort d'Antiochus IV* à Tabès — **ANTIOCHUS V**, (Eupator). Lysias s'empare de la tutelle qu'il enlève à Philippe.	*Mort de Phraate Ier.* —		Il attaque la citadelle Syrienne de Jérusalem. Antiochus Eupator marche contre lui. — Mort héroïque de son frère **Eléazar** qui périt sous un éléphant.
63	56. **Attale II**, Philadelphe, frère d'Eumène II. Il lutta contre Prusias II pour le retablissement d'Ariarathe VI, roi de Cappadoce.	Lysias défait Philippe soutenu par une armée de Perses. — Il fait assass. Cn Octavius à Laodicée.	**Mithrid. Ier** (le Grand) son frère. Il défait Eucratidas II, roi de Bactriane, successeur et meurtrier d'Eucratidas Ier. Il soumet l'Inde et y établit un de ses frères, tige de la branche Arsacide des rois indo-scythes. Conquête de la Médie. Soumission de l'Atropatène et de l'Hyrcanie. Il s'empare des trésors d'Elymaïs. Conquête de l'Assyrie et de la Mésopotamie.	La discorde se rallume entre les deux frères. — Physcon, battu, se réfugie à Rome.	Eupator rappelé en Syrie se retire. Lysias fait la paix et met à mort Ménélaüs. — Démétrius Soter envoie Bacchide établir Alcime à Jérusalem.
62		**DÉMÉTRIUS Ier SOTER**, fils de *Séleucus IV*, s'échappe de Rome par les conseils de **Polybe**, et est reconnu roi. Il fait mettre à mort Eupator et Lysias.		Les Romains interviennent et donnent Cyrène et la Libye à Physcon.	*Judas défait et tue Nicanor près de Béthoron.* — Traité entre Judas Macchabée et les Romains. — *Judas est tué près de Béthel.* — **Jonathas**, son frère, lui succède et est forcé de fuir.
61	54. Il recouvre ses états dont Prusias II l'avait dépouillé.	Nicanor est chargé de la guerre contre Judas Macchabée.		Physcon, mécontent de son partage, veut attaquer Chypre. — Il en est détourné par une révolte à Cyrène.	Alcime, soutenu par Bacchide, reste maître à Jérusalem.
60. — (155me *Olympiade*).					
59	Cappadoce.	Démétrius place Holopherne sur le trône d'Ariarathe VI.		Il reprend son expédition, et est soutenu par les Romains.	Il est frappé de mort en démolissant un mur du temple.
58	66. *Mort d'Ariarathe V.* — **Ariarathe VI.** Il renouvelle l'alliance faite par son frère avec les Romains.				Démétrius envoie de nouveau Bacchide contre Jonathas. — Repoussé, il fait la paix et se retire. — Jonathas reste à Macmas, d'où il gouverne la Judée.
57	59. Il est chassé du trône par Holopherne.			Philométor, vainqueur généreux, laisse à son frère la Cyrénaïque et la Libye, et lui donne quelques villes de Chypre.	
56. — (156me *Olympiade*).	56. Les Romains ordonnent le partage de la Cappadoce entre les deux rivaux. — Il chasse Holopherne avec le secours d'Attale.				
55					
54	Grande Arménie.	Héraclide dépouillé par Démétrius du gouvernement de Babylone, suscite contre lui l'imposteur **Alexandre Bala**, qui prend le diadème à Ptolemaïs.		Irrité des attaques de Démétrius contre Chypre, il soutient les prétentions de Bala.	
53	159. *Mort d'Artaxias Ier.* — **Artaxias II** ou Artavasde.	Démétrius invoque l'appui de Jonathas à qui il accorde la paix.			**Jonathas** rentre à Jérusalem. Il est élu Grand-Prêtre par la nation. — Il quitte le parti de Démétrius pour celui de Bala.
52. — (157me *Olympiade*).					
51					

RÉPUBLIQUE ROMAINE.	ESPAGNE. ULTÉRIEURE.	ESPAGNE. CITÉRIEURE.	ANS de Rome.	CARTHAGE.	MACÉDOINE.	NUMIDIE.
50	Le préteur Galba viole une capitulation et égorge 30,000 Lusitaniens.	Marcellus accorde la paix aux Celtibériens, mais le consul Lucullus attaque les Vaccéens sans l'autorisation du sénat. Siége de Cauca; perfidie et cruautés.	604	Défaite des Carthaginois	. . . .	La guerre recommence entre Massinissa et Carthage.
49. — Caton poursuit envain la condamnation de Galba. — *M. de Caton.* — *Le tribun Calpurnius Pison établit de nouveaux tribunaux (Quæstiones perpetuæ), contre les crimes envers l'Etat*	**Viriathe,** nommé chef des Lusitaniens, bat deux fois Vetilius.		605	**Troisième guerre Punique.** Perfidie des Romains. — Le désespoir arme les Carthaginois.	**Andriscus** se fait reconnaître roi et envahit la Thessalie. Scipion Nasica Corculum le rejette en Macédoine.	
48. — Scipion Emilien est nommé consul à 27 ans.	Echec du préteur Plautius. . . .	. . . .	606	Avantages remportés par Carthage. .	Défaite et mort du préteur Juventius Thalna.	*Mort de Massinissa.* — **MICIPSA** lui succède par le choix de Scipion Emilien. — La mort de ses deux frères Gulussa et Manastabal le laisse bientôt seul maître de la Numidie.
47	Viriathe extermine l'armée de Cl. Unimanus.	. . . .	607	Scipion Emilien assiége Carthage et bat la flotte ennemie.	Andriscus est vaincu par **Q. Cæcilius Métellus** et conduit à Rome. Défaite d'un nouvel imposteur nommé Alexandre. **La Macédoine est réduite en province Romaine.**	
46. — Triomphe de Métellus le Macédonique et de Scipion Emilien.	Défaite du préteur C. Nigidius. . .	. . . .	608	**Prise et destruction de Carthage.** L'Afrique Carthaginoise est réduite en province romaine.		
45. — Triomphe de Mummius.	Défaite du lieutenant du consul Fab. Æmilianus. Le préteur Lælius repousse Viriathe.	. . . .	609			
44	Fabius Æmilianus, proconsul, arrête ses progrès.	. . . .	610		**GAULE CISALPINE. — ILLYRIE.**	
43. — *Loi Didia contre le luxe de la table.* . .	Viriathe s'allie aux Celtibériens. .	Les Celtibériens rompent la paix pour s'unir à Viriathe.	611	. . . .	Le consul App. Claudius, d'abord vaincu par les Sallasses (Gaule transpadane), répare sa défaite.	
42. — Censure de Scipion Emilien et de Mummius Achaïcus.	Défaite près d'Ituque du consul Fab. Servilianus.	Le proconsul Métellus soumet plusieurs villes.	612			
41	Nouvelle défaite de Servilianus. — *Traité entre le peuple Romain et Viriathe.*	Mécontent du choix de son successeur Pompéius Rufus, il lui remet une armée affaiblie.	613			
40	Le consul Servilius Cæpion rompt le traité. — *Il achète l'assassinat du héros Lusitanien.*	Paix conclue entre Pompéius et les Numantins.	614	**PREMIÈRE GUERRE DES ESCLAVES EN SICILE.**		
39. — *La loi Gabinia exige le vote secret pour l'élection des magistrats.*	. . . .	Le sénat annule ce traité.	615			
38. — Première guerre des esclaves en Sicile. .	D. J. Brutus bâtit Valence pour y transporter les soldats de Viriathe. Il ravage la Lusitanie.	Le proc. Popilius Lænas est battu par les Numantins.	616	Les esclaves se révoltent. Ils élisent Eunus pour roi. Défaite des préteurs Manilius,		
37. — *La loi Cassia applique le vote secret aux jugements.* — *La loi Fuffia interdit la convocation des comices par tribus à certains jours fastes.*	Elle rentre sous la domination romaine.	*Enfermé dans un défilé, le consul Mancinus fait avec les Numantins un traité honteux.*	617	Corn. Lentulus, ...		
36	Brutus bat les Callaïciens et est surnommé Callaïcus.	Le sénat livre Mancinus aux Numantins qui refusent de le recevoir. Défaite du proconsul Æmilius.	618	Calpurnius Pison.		
35		Défaite du consul Calpurnius Piso devant Numance.	619	et Plautius Hypsæus.	Fulvius Flaccus bat les Ardyens qui avaient envahi l'Illyrie.	
34		Scipion Emilien rétablit la discipline affaiblie par tant de désastres.	620	Campagne sans importance du consul Fulvius Flaccus.	Première victoire remportée sur les Scordisques, tribu gauloise alors errante entre la Save et le Danube.	
33. — La révolte des esclaves en Italie est étouffée dans son germe. — **Tribunat de Tibérius Sempronius Gracchus.** — Il reprend la loi Licinia. Son collégue Octavius oppose son véto. Il le fait destituer. La loi est promulguée. Il distribue au peuple les trésors d'Attale. *Il demande un second tribunat et est tué dans le tumulte.*		**Scipion prend et détruit Numance.**	621	Calpurnius Piso Frugi bat les révoltés sous les murs de Messine.		Micipsa envoie **Jugurtha** devant Numance combattre avec les Rom.
32. — Scipion Nasica est envoyé en Asie. Il meurt à Pergame.			622	Le consul Rupilius leur enlève Tauroménium et Enna.		
31. — *Le tribun Carbon obtient le vote secret pour faire ou abroger les lois.* — Il demande que les tribuns puissent être continués dans leur charge. Scipion Emilien fait rejeter cette proposition.			623	Rupilius prend Eunus. — Extermination des esclaves.		
30. — La loi Atinia donne à tous les tribuns une place dans le sénat.			624			
29. — C. Gracchus, Carbon et Fulvius sont nommés commissaires pour la loi agraire. — Plaintes des Romains et des Italiens. — Le consul Sempronius est substitué aux trois commissaires. — *Scipion Emilien est trouvé mort dans son lit.*			625	. . . .	Le consul Sempronius bat les Japodes entre la Save et l'Adriatique.	*(Voir pour la suite la première colonne de la page 79).*
28			626			
27			627			
26. — Loi portée par le tribun Junius Pennus pour bannir les Italiens. — C. Gracchus, questeur, part pour la Sardaigne.			628			

Année	Grèce (Pergame)	Pont	Cappad.	Bithynie	Arménie	Syrie	Parthes	Égypte	Histoire Sainte
50	— *Mort de Callicrate.* — Polybe, par le crédit de Scipion Emilien, obtient le retour des Achéens survivants.					Démétrius est battu et tué par Bala. — Bala épouse Cléopâtre, fille de Philométor.		Philométor donne à Bala sa fille Cléopâtre.	Jonathas assiste à Ptolémaïs aux noces de Bala.
49					Les Arméniens indignés de la mollesse d'Artaxias II appellent Valarsace, frère de Mithridate VI roi de Parthes. — *Artaxias II* se donne la mort.		**MITHRIDATE** place son frère **Valarsace** sur le trône d'Arménie.		
48	— (158me *Olympiade*). — Damocritus, un des exilés, est élu Stratége des Achéens.			*Prusias II* périt dans une révolte sous les coups de son fils **NICOMÈDE II.**					
47	— Sparte se détache de la ligue. Les Achéens ravagent la Laconie. — Intervention des Romains.								
46	— Critolaüs est défait à **Scarphée.** Mummius bat les Achéens à **Leucopetra.** *Prise de Corinthe.* La Grèce est réduite en province romaine sous le nom **d'Achaïe.**					Bala livre le gouvernement à Ammonius. — **DÉMÉTRIUS NICATOR**, fils aîné de Démétrius Soter, paraît en Syrie.			Apollonius, général de Démétrius Nicator est défait par Jonathas.
45						Philométor met à mort Ammonius et rend la couronne à Démétrius. — Bala, défait, se réfugie en Arabie. Il y trouve la mort. — Révolte d'Antioche. — Diodote Tryphon fait reconnaître roi Antiochus VI, fils de Bala. — Défaite de Démétrius.		Philométor craignant les embûches d'Ammonius tourne ses forces contre son gendre qu'il détait.	Jonathas assiége le fort d'Acra. — Appelé auprès de Nicator, il se justifie. Il aide Démétrius à réprimer la révolte d'Antioche.
44	**Pergame.**	**Pont.**	**Cappad.**					Il meurt des suites des blessures reçues dans le combat. — *Pt. Eupator*, son fils. — **PHYSCON** ép. sa belle-sœur Cléopâtre, tue son neveu et prend les titres de **PTOL. VIII** et **EVERG. II.**	Jonathas se déclare pour Antiochus VI, fils de Bala. — Alliance renouvelée avec les Romains.
43	(En 46 **ATTALE II** aide les Romains à s'emparer de Corinthe).	Suite du règne de **MITHRIDATE VI.** Il envoya des secours aux Rom. contre Carthage.				Perfidie de Tryphon envers Jonathas. Il fait mourir *Antiochus VI*, et usurpe la couronne.			Tryphon fait périr *Jonathas* par trahison. — **SIMON**, son frère, est nommé général et grand pontife.
42						Pendant l'usurpation de Tryphon, Démétr. II défend les colonies grecques contre les Parthes.			Il donne des secours à Démétrius Nicator contre Tryphon. Démétrius reconnaît l'indépendance des Juifs. — *Nouvelle ère.*
41							Démétrius Nicator, dépouillé par Tryphon, attaque les Parthes.	Il répudie Cléopâtre, veuve de Philométor, et épouse Cléopâtre la jeune.	Il chasse la garnison Syrienne d'Acra.
40						Démétrius est battu par Mithridate et emmené prisonnier ; sa captivité dure 10 ans.	Mithridate le fait prisonnier. Il lui donne sa fille Rodogune.		L'autorité souveraine et la grande sacrificature sont déclarées héréditaires dans la famille de **SIMON.**
39						Cléopâtre, irritée du second mariage de son époux, donne sa main à **ANTIOCHUS SIDETÈS**, son beau-frère.	*Mort* de *Mithridate Ier*. — **PHRAATE II**, son fils. — Démétrius tente de s'évader. Il est reconduit dans sa prison en Hyrcanie.		Sidetès rétracte les promesses faites à Simon. — Il envoie une armée qui est défaite par les fils de Simon, Jean Hyrcan et Judas.
38									
37	— *Mort d'Attale II* empoisonné par son neveu **ATTALE III**, Philométor.								
36									
35									Ptolémée, gouverneur de Jéricho et gendre de *Simon*, l'assassine avec ses deux fils Mathatias et Judas. — Jean **HYRCAN** lui succède.
34									Sidetès vient assiéger Jérusalem. J. Hyrcan se soumet à un tribut.
33	— *Mort d'Attale III.* Il institue le peuple romain son héritier.								
32	— **Aristonic**, fils naturel d'Eumène II, refuse de se soumettre aux Romains.								
31	— Licinius Crassus est envoyé contre Aristonic. Vaincu et pris, il se fait donner la mort.		Ariarathe VI secourt les Romains contre Aristonic. Il périt dans cette guerre. — **ARIARATHE VII.**			Sidetès marche contre les Parthes qu'il bat trois fois.	Sidetès lui enlève la Babylonie et la Médie. Phraate rend la liberté à Démétrius.		Jean Hyrcan accompagne Sidetès dans son expédition contre les Parthes ; il reçoit son surnom de la victoire remportée sur les Hyrcaniens.
30	— Perpenna s'empare d'*Aristonic* qui périt étranglé.					Il est tué dans une dernière bataille. — **DÉMÉTRIUS II**, échappé des mains des Parthes remonte sur son trône. Il renouvelle ses cruautés.	Sidetès est exterminé avec son armée.	Sédition dans Alexandrie. Physcon est chassé avec Cléopâtre la jeune. — Il égorge son fils Memphités.	A la mort de *Sidetès*, les Juifs secouent le joug des Syriens.
29	— Le consul Manius Aquilius achève la conquête du royaume. — *Le royaume de*	Mithridate VI aide les Romains contre Aristonic. — Manius Aquilius lui donne ou lui vend une partie de la grande Phrygie.				Il envoie des secours à Cléopâtre contre Physcon.	Les Scythes renvoyés par Phraate envahissent la Bactriane et ravagent ses états.		Jean Hyrcan prend Sichem, détruit le temple de Samarie et fait la conquête de l'Idumée.
28	*Pergame est réduit en province romaine sous le nom d'Asie.*					Physcon suscite contre lui l'imposteur Zébina.	Phraate emmène contre les Scythes les prisonniers grecs de l'armée d'Antiochus.	Cléopâtre est en vain secourue par Démétrius II. Elle s'enfuit à la cour de ce prince. Physcon rentre dans Alexandrie.	Traité avec les Romains. — Il détruit les effets du traité conclu en 135 avec Sidetès.
27					*Mort de Valarsace.* — **ARSACE Ier**, son fils.			Il se venge de Démétrius en favorisant Zébina.	
26						*Démétrius II* est vaincu près de Damas par Zébina. Il est tué dans sa fuite.	*Mort de Phraate II* trahi et massacré par les Grecs. — **ARTABAN II**, son fils.		

RÉPUBLIQUE ROMAINE.	ANS de Rome.	GAULE TRANSALPINE.	ILES BALÉARES. — DALMATIE. — SICILE.
25. — Le consul Fulvius propose d'accorder le droit de bourgeoisie romaine aux alliés. — Le sénat l'envoie en Gaule. — Première tentative de révolte des alliés. — Opimius détruit Frégelles.	629	Marseille, attaquée par les Salyens, invoque le secours des Romains.	. . . .
24. — C. Gracchus quitte la Sardaigne et obtient le tribunat; Fulvius est nommé avec lui.	630	Légers avantages de Fulvius. — Sextius le remplace. Fulvius retourne à Rome pour appuyer les projets de Caïus.	
23. — **Premier tribunat de Caïus Gracchus.** — Propositions populaires. Il obtient sa réélection pour consolider son œuvre. — Il transfère les tribunaux des Sénateurs aux Chevaliers.	631	Victoire signalée de Sextius. — *Fondation d'Aquæ sextiæ*. . .	Le consul Métellus soumet les Iles Baléares.
22. — **Second tribunat de Caïus.** — Il accorde aux latins et aux alliés d'Italie les droits de cité et de suffrage. — Le sénat oppose à Caïus le tribun Drusus. — Caïus conduit une colonie à Carthage.	632	Domitius Ahenobarbus, consul, appelé par les Eduens, marche contre Bituit, roi des Arvernes, allié aux Allobroges.	Métellus fonde Palma et Pollentia.
21. — Opimius, consul, abroge plusieurs lois de Caïus. — Caïus et Fulvius arment leurs partisans. Caïus se fait donner la mort. Fulvius est massacré avec 3000 des siens.	633	Domitius, proconsul, bat les Arvernes et les Allobroges près d'Avenio. — Nouvelle victoire remportée par Fabius, consul, aidé de Domitius. — Domitius prend Bituit par trahison.	
20. — Temple élevé à la Concorde par Opimius. — Opimius, défendu par Carbon consul, est acquitté. — *Les lois de Caïus ne seront abolies que successivement.*	634	Triomphe de Fabius à Rome et de Domitius en Gaule. Domitius élève des arcs de triomphe en souvenir de ses victoires.	
19. — Carbon, poursuivi par Lic. Crassus (l'orateur), beau-frère de Caïus, se tue pour échapper à la sentence des juges. — Les lois seront examinées par le sénat avant d'être portées devant le peuple. — *Tribunat de C. Marius.*	635		
18	636	Marcius Rex, consul, ouvre une route des Alpes aux Pyrénées. *Fondation de Narbo-Marcius chez les Tectosages.* Le S.-E. de **la Gaule** est réduit en province romaine.	
17. — Abolition de la loi agraire. — *Préture de C. Marius.*	637	Marius Rex défait les Stœnéens, peuplade Ligurienne. . . .	L. Cæcil. Métellus se rend en Dalmatie et revient avec le titre de Dalmaticus.
16	638		
15. — Les censeurs effacent de la liste du sénat trente de ses membres.	639		
14	640	. . . .	Les Scordisques exterminent en Macédoine l'armée de C. Caton. Didius les repousse en Thrace.
13	641	Les Cimbres et les Teutons défont le consul Papirius Carbo près de Noréia. Ils ravagent pendant 5 ans le Norique, la Pannonie et l'Illyrie.	
12	642		
11. — Le tribun Memmius ressuscite par son éloquence le parti populaire. Il fait comparaître Jugurtha à Rome. Le tribun Bæbius, acheté par Jugurtha, ne permet pas à ce prince de parler.	643		
10. — Le tribun Mamilius établit trois tribunaux pour la poursuite des complices de Jugurtha. — Les tribunaux, composés de chevaliers, sévissent contre les grands. Ils condamnent à l'exil Post. Albinus, Calpurnius Bestia, Opimius et le pontife Galba.	644	Ils entrent en Helvétie et entraînent les Ambrons, les Tughènes et les Tigurins. Ils pénètrent dans la Gaule qu'ils ravagent.	Minucius refoule vers le Nord les Scordisques déjà battus en 112 par Livius Drusus.
9	645	Ils battent le consul Silanus sur les bords du Rhône.	
8. — Le premier des généraux romains, **Marius**, consul désigné, enrôle les prolétaires.	646	Défaite du consul Aurélius Scaurus.	
7. — **Premier consulat de Marius.** — Il passe en Afrique. — *Naissance de Cicéron.*	647	L. Cassius est tué par les Tigurins. Une partie de l'armée romaine passe sous le joug. Les Cimbres s'emparent de Toulouse.	
6. — *Naissance de Pompée.* — Loi servilienne qui partage les tribunaux entre les sénateurs et les chevaliers..	648	Le consul Servilius Cæpio reprend Toulouse. Il se déshonore par le vol du trésor sacré. (*Or de Toulouse.*)	
5. — Pour réparer la défaite du consul Mallius et du proconsul Serv. Cæpio, Marius, quoique absent, est nommé consul. — Cæpio est destitué, dépouillé de ses biens et exclu du sénat.	649	L'armée romaine est exterminée près d'Orange. — Les Barbares passent en Espagne.	
4. — **Deuxième consulat de Marius.** — Il triomphe de Jugurtha et part pour la Gaule. — *Jugurtha meurt de faim dans un cachot.*	650	Marius, rappelé d'Afrique, exerce ses soldats pendant l'absence des Barbares.	Seconde révolte des esclaves de Sicile. Ils élisent pour roi Tryphon qui s'empare de Triocale.
3. **Troisième consulat de Marius.** — La tribun Domitius obtient que désormais les Augures seront nommés par le peuple.	651	Marius fait creuser la Fossa Mariana. — Les Cimbres chassés d'Espagne par les Celtibériens et par Fulvius reviennent en Gaule.	Le préteur Lucullus échoue devant cette place.
2. — **Quatrième consulat de Marius.** — Triomphe de Marc-Antoine sur les pirates de Cilicie. — Tribunat de Glaucia. Il abolit la loi servilienne de l'an 106.	652	Les Barbares se divisent. — **Défaite des Gaulois et des Teutons**, près d'Aix. — Les Cimbres descendent des Alpes Noriques.	Athénion succède à Tryphon. Il est défait par le préteur Servilius.
101. — **Cinquième consulat de Marius.** — Vainqueur des Cimbres et des Teutons, il reçoit un sixième consulat par les intrigues de Saturninus. Celui-ci se fait élire tribun à la place de Nonnius, assassiné.	653	Marius réunit son armée à celle de Catulus. — **Victoire de Verceil.**	Aquilius, consul, tue Athénion. — Destruction des Esclaves.

Numidie.	Cappadoce.	Bithynie.	Arménie.	Pont.	Syrie.	Parthes.	Egypte.	Histoire Sainte.
25					Les Syriens se divisent entre Zébina et Séleucus V, fils de Nicator.	*Mort d'Artaban II* d'une blessure reçue en combattant les Scythes. — **MITHRIDATE II**, son fils.		
24					Cléopâtre assassine son fils Séleucus pour régner sous le nom de son second fils **ANTIOCHUS VIII**, Grypus.			
23				*Mithrid. VI* périt assass. à Sinope. — **MITHRIDATE VII**, Eupator (ou le Grand), 12 ans.	Cléopâtre reçoit des secours de Physcon contre Zébina.		Physcon, à qui Zébina refuse de payer tribut, aide Cléopâtre à le renverser.	
22. — Micipsa adopte **Jugurtha** et l'associe à ses deux fils Hiempsal et Adherbal.	Ariarathe VII ép. Laodice, sœur de Mithridate-Eupator.	*Suite du règne de Nicomède II.*		Il fait périr sa mère et ses tuteurs. Il donne la régence à sa sœur Laodice et parcourt les états voisins.	Zébina est arrêté et mis à mort par Grypus.	Après une longue guerre, il force les nations Scythiques, maîtresses de la Bactriane, à reconnaître sa suprématie.		**Suite du Pontificat de Jean Hyrcan.**
21								
20				Le sénat reprend la Phrygie cédée à Mith. VI. — A son retour, Mith. VII fait périr Laodice.	Cléopâtre est forcée de boire le poison qu'elle avait préparé pour Grypus.			
19. — *Mort de Micipsa.* — **JUGURTHA** fait assassiner Hiempsal.								
18. — Adherbal défait par Jugurtha s'enfuit à Rome.				Il défait les Scythes au N. du Bosphore Cimmérien. Le roi du Bosphore lui cède ses états.			*Mort de Physcon.* Il avait donné la Cyrénaïque à son fils naturel Pt. Apion. — **PTOL. VIII, SOTER II ou LATHYRE.**	
17. — Les commissaires romains partagent inégalement la Numidie entre Adherbal et Jugurtha.							Sa mère le force à répudier sa sœur Cléopâtre, pour épouser sa seconde sœur Sélène.	
16								
15								
14			*Mort d'Arsace Ier.* — **TIGRANE Ier.**		Grypus, redoutant **ANTIOCHUS IX**, le Cyzicénien, son frère utérin, tente de l'empoisonner. — Celui-ci prend les armes, est défait, et se réfugie à Antioche.		Sur la demande de sa mère, Lathyre donne le royaume de Chypre à son frère Alexandre.	
13. — Jugurtha envahit le royaume d'Adherbal. Il l'assiége dans Cirta.								
12. — Intervention inutile d'Æmilius Scaurus prince du sénat. — Cirta capitule et Adherbal est mis à mort.					Grypus prend Antioche. Tryphène, sa femme, égorge Cléopâtre sa sœur, femme d'Antiochus IX. — Antiochus, vainqueur à son tour, fait périr Tryphène.			
11. — Le consul Calpurnius Bestia rend la paix à Jugurtha. — Plaintes à Rome. — Jugurtha y est appelé.								
10. — Jugurtha fait assassiner Massiva, fils de Gulussa, dans Rome même. Il retourne en Afrique. Campagne inutile d'Albinus. — Son frère Aulus est défait par Jugurtha; l'armée romaine passe sous le joug.					Grypus reprend les armes et s'empare de la Cœlé-Syrie qu'il défend contre son frère.			Ses deux fils, Antigone et Aristobule assiégent Samarie, qui est en vain secourue par Antiochus Cyzicénus.
9. — Q. Cæcilius Métellus prend Vacca. Il défait Jugurtha sur les bords du Muthul. Il échoue devant Zama. — Jugurtha livre ses armes, mais renouvelle bientôt la guerre.					Antiochus IX tente de secourir les Samaritains. — Il est repoussé par Jean Hyrcan. Le royaume est partagé entre les deux frères. Grypus règne à Antioche, Antiochus IX à Damas.			Prise de Samarie que Jean Hyrcan fait raser.
8. — Vacca se révolte et est reprise. **Marius** gagne l'affection des soldats aux dépens de Métellus. — Jugurtha reçoit une armée de son beau-père Bocchus.					La guerre se rallume entre les deux frères. Pendant leurs dissensions, Tyr, Sidon, Ptolémaïs, Gaza secouent le joug de la Syrie.			Hyrcan, outragé par un Pharisien, prend parti pour les Sadducéens.
7. — **Marius**, consul, prend Capsa et Mulucha. — Défaite de Jugurtha et de Bocchus, près de Cirta.							Cléopâtre soulève le peuple d'Alexandrie contre Lathyre. Il se retire en Chypre dont il devient roi, pendant qu'Alexandre vient de Chypre occuper le trône d'Egypte.	*Mort de Jean Hyrcan.* — **ARISTOBULE Ier**, son fils aîné. Il fait périr sa mère et prend le titre de Roi.
6. — Sylla persuade à Bocchus de livrer Jugurtha qui est emmené à Rome.								Il soumet l'Iturée. — Il fait périr son frère Antigone. — *Mort d'Aristobule.* — **ALEXANDRE JANNÉE**, son frère.
5							Lathyre est appelé par les habitans de Ptolémaïs qui refusent ensuite de le recevoir.	Siége de Ptolémaïs. Jannée fait avec Lathyre un traité qu'il viole bientôt en s'alliant avec Cléopâtre mère et ennemie du prince égyptien.
4. — La plus grande partie de la Numidie est réduite en province, le reste est partagé entre deux princes de la famille de Massinissa, Hiempsal et Mandrestal.							Il défait Jannée et ravage la Palestine.	Lathyre, irrité, marche contre Jannée qu'il défait sur les bords du Jourdain.
3							Lathyre s'empare de Ptolémaïs.	Jannée appelle Cléopâtre à son secours.
2							Il se retire devant Cléopâtre et retourne en Chypre.	Cléopâtre reprend Ptolémaïs et chasse Lathyre.
101								Jannée prend Amathus, mais son butin lui est enlevé.

République Romaine.	Ans de Rome.	Espagne.	Pont.
100. — **Sixième consulat de Marius.** — Troubles excités par Saturninus. — Exil de Métellus le Numidique. — Saturninus fait assassiner Memmius, rival de Glaucia. — Marius est forcé de sévir contre ses propres complices. — Abolition des lois de Saturninus. — *Naissance de Jules César.*	654		
99. — Métellus est rappelé de l'exil. — Marius part pour l'Asie.	655		
98. — Marc-Antoine (l'Orateur) fait absoudre Manius Aquilius, vainqueur des esclaves de Sicile.	656	Le consul Didius est envoyé contre les Celtibériens révoltés de nouveau. Il employa cinq années à pacifier la province.	
97. — *Confirmation de la loi Fannia.* — Marc-Antoine, censeur, chasse du sénat le tribun Duronius qui l'avait abrogée l'année précédente.	657		
96	658		Mithridate fait assassiner Ariarathe VII, roi de Cappadoce et met sur le trône *Ariarathe VIII.*
95. — Les consuls Licinius Crassus et Mucius Scævola tentent d'arrêter les usurpations du droit de cité ; ils chassent de Rome les alliés qui s'y étaient établis. Condamnation de Cépion pour *l'or de Toulouse.* — Sédition soulevée par le tribun Norbanus. — Admission des nobles dans le collége des Tribuns.	659		
94. — Sulpicius Rufus accuse Norbanus. Marc Antoine le défend et le fait absoudre. Sévérité de Mucius Scævola, de Rutilius et d'Asellio contre les Publicains.	660		Irrité contre le jeune roi, Mithridate l'assassine dans u entretien. Il met à sa place son fils Archatias. — Revolt des Cappadociens, qui nomment Ariarathe IX. — Il e chassé par Mithridate, et bientôt meurt de chagrin.
93. — Préture de Sylla.	661		
92. — Rutilius, accusé injustement de concussion par Apicius est condamné par les chevaliers à l'exil. — *Le censeur Licinius Crassus ferme les premières écoles des rhéteurs latins.*	662		Les Romains forcent Mithridate à quitter la Cappadoce.
91. — Projets du tribun **Livius Drusus.** Il promet aux alliés le droit de cité et ne peut tenir sa promesse. — *Assassinat de Drusus.* — **Guerre sociale.** — Pompédius Silo arme les Marses.	663		Mithridate chasse deux fois Ariobarzane soutenu pa Sylla.
90. — Victoires des alliés. — Jules César est battu, Rutilius est tué. — Cn. Pompée échoue devant Asculum. — Hésitation de Marius ; il se retire. — **Sylla** défait les Marses. — Concessions faites par la loi Julia aux alliés restés fidèles.	664		Non content de la Cappadoce, il envahit la Bithynie, e chasse le nouveau roi Nicomède III.
89. — Les deux consuls reprennent l'offensive. — Le consul Cn. Pomp. Strabon prend Asculum. — Victoire de Sylla en Campanie ; prise de Bovianum. — Les sénateurs rentrent en possession d'une partie de la judicature. — Meurtre du préteur Asellio.	665		Le sénat romain ordonne à Mithridate de respecter l Bithynie et la Cappadoce. — Rupture entre Mithridat et les Romains.
88. — **Consulat de Sylla.** — *La mort de Pompédius Silo met fin à la guerre sociale.* — Le sénat charge Sylla de la guerre contre Mithridate. Le tribun Sulpicius veut retirer le commandement à Sylla. — **Sylla marche sur Rome.** — Sulpicius est mis à mort. — Fuite des deux Marius. Marius s'enfuit de Minturne à Carthage. Le proc. Pompeius Strabon fait assassiner le consul Q. Pompeius.	666		Massacre de 100,000 romains. — Archélaüs prend Athènes — La Thrace et la Macédoine sont envahies.
87. — Tumulte dans Rome excité par le consul Cinna ; il est chassé. — Cinna rappelle Marius en Italie. Combat sous les murs de Rome. — Pomp. Strabon est tué par la foudre. — Marius rentre à Rome. — **Proscriptions.**	667		Sylla passe en Grèce. — Siége d'Athènes.
86. — **Septième consulat de Marius,** collègue de Cinna. — *Mort de Marius âgé de 67 ans.* — Cinna envoie en Asie Valérius Flaccus et Fimbria contre Sylla.	668		Prise d'Athènes. Sylla défait Archelaüs à Chéronée et D rylaus à Orchomène.
85. — Cinna se nomme consul et s'associe Carbon.	669		Fimbria égorge Flaccus. Il assiége Mithridate que Lucu lus laisse échapper. — Entrevue de Mithridate et Sylla à Dardanum. Paix conclue.
84. — Cinna, consul pour la quatrième fois, est assassiné à Ancône par les soldats qu'il rassemble contre Sylla. — Carbon reste seul consul.	670		Sylla se tourne contre Fimbria, qui abandonné de ses sc dats, se donne la mort.
83. — **Sylla** revient d'Asie. Il bat d'abord Norbanus près de Capoue et attire sous ses drapeaux l'armée de Scipion. — Pompée lui amène trois légions.	671		
82. — Consulat de Carbon et du jeune Marius. — Marius est défait à Sacriport. — Pontius Télésinus est battu à la porte Colline. — Sylla entre dans Rome. — Le jeune Marius se tue dans Préneste. — **Proscriptions de Sylla.** — Carbon est mis à mort par Pompée. — En Afrique, Pompée bat Domitius, retiré chez le roi Numide Hiarbas ; Domitius est tué ; Hiarbas est mis à mort. — **Sylla est nommé Dictateur.**	672	Sertorius se rend en Espagne. Sylla envoie contre lui le préteur Annius qui le repousse.	Muréna attaque la Cappadoce. — Sylla arrête les hos lités.
81. — **Sylla, Dictateur,** triomphe de Mithridate. Il rend l'autorité au sénat, et restreint la puissance des tribuns et du peuple. Suppression de la Censure et de l'ordre équestre. — Colonies militaires. — Lois pénales. — Lois somptuaires.	673	Sertorius recule jusqu'à Carthagène. Il s'embarque pour les îles fortunées. — Il reparaît appelé par les Lusitaniens.	Mithridate soumet le Bosphore révolté et le donne à s fils Macharès.
80. — Sylla rend exclusivement le droit de juger aux sénateurs. Il complète le sénat par l'adjonction de 300 sénateurs. — *Plaidoyer de Cicéron pour Roscius d'Amérie.*	674	Il chasse Fufidius gouverneur de la Bétique.	
79. — **Sylla abdique la dictature.**	675	Il lutte avec succès contre Métellus Pius, fils du Numidique, envoyé par Sylla.	
78. — *Mort de Sylla* (60 ans). Lépidus s'efforce de casser ses lois. La lutte entre les deux consuls est suspendue par les prières du sénat. — *Servilius Vatia envoyé contre les Pirates.*	676		
77. — Lépidus, proconsul, et Junius Brutus, gouverneur de la Cisalpine, prennent les armes. — Lépidus est battu trois fois par Catulus et Pompée. Il se retire en Sardaigne où bientôt il meurt. — Pompée prend Modène et fait périr Brutus.	677	Perpenna, lieutenant de Lépidus, passe en Espagne. — Ses soldats le forcent à se joindre à Sertorius. — Formation d'un sénat romain. — Sertorius soulève la Narbonaise.	
76. — Sicinius, tribun du peuple, soutenu par César, tente de rétablir les droits du tribunat. — Il est assassiné par Curion. — *Servilius s'empare d'Isaure et est surnommé Isauricus. Défaite et mort de Marcus Antonius envoyé contre les Pirates.*	678	Pompée se rend en Espagne pour rejoindre Métellus. — Punition cruelle de la Narbonaise. Il s'avance contre Sertorius qui l'oblige à repasser l'Ebre.	Alliance entre Mithridate et Sertorius. — M. Varius e envoyé en Asie par Sertorius.

Cappadoce.	Bithynie.	Arménie.	Syrie. Antioche.	Syrie. Damas.	Parthes.	Egypte.	Histoire Sainte.
100							Jannée prend Raphia et met le blocus devant Gaza.
99							
98							
97			*Grypus* périt assassiné à Antioche par Héracléon de Bérée. — **SELEUCUS VII**, Epiphane, lutte contre Cyzicénus.	Cyzicénus tente de s'emparer du royaume d'Antioche.			Gaza est livrée par trahison ap une vive résistance.
96. — *Ariarathe VII* est assass. par Gordius, agent de Mithrid. — Mithr. fait proclamer **ARIARATHE VIII**, et donne la régence à sa sœur Laodice, veuve du dernier roi. — Laodice ép. Nicomède. (*V. la col. du Pont.*)	**Nicomède** projette d'envahir la Cappadoce. — Mithridate l'en empêche.					(Apion lègue par testament Cyrène aux Romains).	
95		*Mort de Tigrane Ier*, assassiné par ses officiers — **TIGRANE II** (ou le Grand) Il était en ôtage chez les Parthes, qui le laissent monter sur le trône moyennant l'abandon de 70 vallées.			**Mithr. II** rend son appui au nouveau roi d'Arménie, Tigrane II.		Jannée punit cruellement une sédition excitée par les Pharisiens.
94			Victoire de Séleucus VII sur Cyzicénus. Il prend le nom de Nicator.	Cyzicénus, vaincu, se donne la mort. — Antiochus X, Eusèbe.			Il bat les Arabes et rend tributaires les Moabites et les habitans de Galaad.
93. — Laodice porte ses plaintes à Rome.			*Séleucus VII*, défait par Eusèbe, périt à Mopsueste. Ses deux frères **ANTHIOCHUS XI** et **PHILIPPE** vengent sa mort. Antiochus XI se noie dans l'Oronte. Philippe soutient la lutte.	Eusèbe défait à son tour Séleucus VII.			Il prend et détruit la forteresse d'Amathus.
92. — Les Rom. accordent la liberté aux Cappadociens. Ils la refusent. Sylla, propréteur en Asie, donne la cour. à **Ariobarzane**, qui est chassé par Mithr.				Pt. Lathyre amène un nouveau prétendant, Démétrius III, Eucère. Eusèbe, battu par Philippe, se retire chez les Parthes.			Une défaite dans la guerre contre les Arabes rallume la guerre civile qui dure 6 ans.
91							
90	*Mort de Nicomède II.* — **NICOMÈDE III**, son fils naturel. Il est chassé par Mithr. qui met sur le trône Socrate Chrestus, second fils de Nicomède II. — Le sénat rétablit Nicomède III.	Il compense ses pertes en s'emparant de la petite Arménie dont il tue le roi. Il recouvre les provinces cédées à Mithridate et enlève aux Parthes la Médie, la Gordyène et la Mésopotamie.	La défaite d'Eucère donne à **PHILIPPE** le royaume de Damas.	Eucère bat Alexandre Jannée. — Il est vaincu par Philippe et emmené en Parthie.	*Mort de Mithridate II.* — **MNASKIRES.**		Les rebelles invoquent le secours d'Eucère, roi de Damas. Jannée vaincu se retire dans les montagnes.
89. — Ariobarzane remonte sur son trône.						Alexandre Ier prévient sa mère par un parricide.	
88						Il viole le tombeau d'Alexandre. — Révolte dans Alexandrie. Il prend la fuite. — Lathyre remonte sur le trône après 18 ans d'absence.	
87	Nicomède lutte avec les Romains contre Mith.			Antiochus XII (l'Asiatique), profite de l'absence de Philippe pour s'emparer de la Cœlé-Syrie et de Damas. Il est tué en Arabie.		Alexandre périt en essayant de conquérir l'Egypte. (Son fils Alexandre II fut livré à Mithridate roi de Pont. Il s'échappa de ses mains et se retira auprès de Sylla.)	
86			Phil. reprend Damas qu'il perd bientôt.				Bataille de Béthoron. Jannée défait les rebelles. — Horribles vengeances.
85		**Tigrane** est appelé par les Syriens las des querelles des Séleucides. — *Philippe* disparaît. — Eusèbe, revenu de la Parthie, se retire devant Tigrane; Sélène, sa femme, garde une partie de la Phénicie et de la Cœlé-Syrie.				Révolte de la ville de Thèbes.	Arétas, roi de l'Arabie pétrée, défait Jannée. — Jannée traite avec lui et reprend le cours de ses conquêtes.
84							Nouvelle expédition en Pétée.
83						Thèbes est ruinée après un siége de 3 ans.	
82. — Ariobarzane donne à Mithr. la main de sa fille et une partie de la Capp.						*Mort de Lathyre.* — **BÉRÉNICE** (ou Cléopâtre), sa fille, règne seule pendant 6 mois.	Il rentre vainqueur à *Jérusalem* et se livre à l'intempérance.
81							
80						**ALEXANDRE II** ou **PTOL. IX** revient de Rome; ép. Bérénice, qu'il empoisonne. — Révolte de l'armée qui l'égorge. (Selon d'autres, il vécut encore 7 ans à Tyr. — **PTOL. AULETES**, fils naturel de Lathyre. — Son frère Ptolémée obtient l'île de Chypre.	
79							*Mort d'Alexandre Jannée.* Il laisse le gouvernement à **ALEXANDRA**. Elle donne la grande sacrificature à son fils Hyrcan et laisse le pouvoir aux Pharisiens qui exercent de cruelles représailles sur les Saducéens.
78. — Ariobarz. est chassé par Tigrane, qui met à sa place le fils de Mithr.		Par les instigations de Mithridate, Tigrane envahit la Cappadoce et emmène 300,000 prisonniers dont il peuple Tigranocerte.			*Mort de Mnaskirès.* **SINATROKES**, âgé de 80 ans.		
77							
76							

République romaine.	Ans de Rome.	Espagne.	Pont. — Bosphore.
75. — Famine causée par les ravages de Pirates. — Le consul Cotta rétablit les distributions gratuites de blé. Il rend aux tribuns le droit de haranguer le peuple et d'aspirer aux charges. — *Questure de Cicéron en Sicile.*	679	Métellus et Pompée se réunissent. — Sertorius échoue dans ses attaques. — Métellus prend ses quartiers d'hiver au N. de l'Ebre, Pompée dans le pays des Vaccéens.	A la mort de Nicomède III, **Mithridate** envahit la Paphlagonie et la Bithynie. — Il s'empare de la Cappadoce d'où il chasse Ariobarzane.
74	680	Ils renouvellent les hostilités. Pompée est forcé de se retirer en Gaule. — *Alliance de Sertorius et de Mithridate.*	Lucullus et Cotta arrivent en Asie. Cotta, battu, se retire dans Chalcédoine. Lucullus vient au secours de Cotta assiégé. Il fait lever le siége de cette ville à Mithridate.
73. — **Guerre des Gladiateurs.** — Spartacus appelle les esclaves à la liberté. Il défait les généraux romains.	681	. . . .	Mithridate assiége Cyzique. Lucullus le force encore à abandonner son armée et à s'enfuir par mer.
72. — Crixus et OEnomaus se séparent de Spartacus. Il remonte vers les Alpes et ne peut être arrêté par les consuls.	682	Perpenna fait assassiner Sertorius dans un festin. — Il attaque Pompée. Défait et pris, il livre les lettres de Sertorius; Pompée les brûle et le fait mettre à mort.	Destruction de la flotte de Mithridate. — La Bithynie est envahie par les Romains. Mithridate leur échappe avec peine. — Le Pont est occupé. Lucullus met le siége devant Amisus.
71. — *Servilius Vatia Isauricus triomphe des Pirates.* — Spartacus défait Mummius, mais il est repoussé en Lucanie. Il est défait par Crassus et périt dans le combat. *Pompée détruit les restes des bandes vaincues.* — On lui décerne le consulat et le triomphe.	683	Pompée achève la soumission de l'Espagne et retourne en Italie.	Mithridate reparaît; vainqueur dans deux batailles, il est totalement défait dans une troisième. Il s'enfuit chez Tigrane, son gendre. — *Mort de Monime.* — Lucullus prend Comane, Samosate, Sinope et Amisus.
70. — Consulat de Pompée et de Crassus. — **Le Tribunat est rétabli dans tous ses droits.** — Cicéron, édile désigné, accuse Verrès au nom des Siciliens. — La loi Aurélia appelle dans les tribunaux les sénateurs, les chevaliers et les tribuns du trésor. — Rétablissement de la censure. — Soixante-quatre sénateurs sont dégradés.	684	. . . .	Réglemens de Lucullus contre les Publicains. — Tigrane refuse de livrer Mithridate.
69	685	. . . .	Lucullus passe l'Euphrate et le Tigre. Il bat Tigrane et prend Tigranocerte.
68. — Métellus chasse les Pirates de la Crète et reçoit le surnom de Créticus.	686	. . . .	Il bat une seconde fois Tigrane. — Le froid l'empêche de prendre Artaxate.
67. — Loi de Roscius Othon. — Le tribun Gabinius fait passer une loi qui donne à Pompée des pouvoirs illimités pour la répression des Pirates. — Pompée termine cette guerre en 90 jours.	687	. . . .	Lucullus prend Nisibe. Il est arrêté par l'indiscipline de son armée et révoqué par les intrigues des Publicains et du préteur Quintius.
66. — La loi Manilia, soutenue par César et Cicéron, confie à Pompée la guerre contre Mithridate — Le sénat efface le nom de Catilina de la liste des candidats au consulat. Les deux consuls désignés sont destitués pour achat de suffrages. — Premier complot formé par Catilina.	688	. . . .	Mithridate et Tigrane rentrent dans leurs états. — Arrivée de Pompée. Mithridate est défait sur les bords du Lycus; repoussé par Tigrane, il s'enfuit en Colchide.
65. — Catilina, accusé de concussion, achète ses juges et est absous. César, édile curule, relève les statues de Marius.	689	. . . .	Pompée soumet les Ibériens et les Albaniens. — Il est rappelé par une tentative des Parthes. — Il passe l'hiver à Amisus.
64. — Cicéron est désigné consul avec C. Antonius. Celui-ci ne l'emporte que de quelques voix sur Catilina.	690	. . . .	Pompée franchit le Taurus et pénètre en Syrie. Il réduit la Syrie et la Phénicie en provinces.
63. — **Consulat de Cicéron.** — Il combat victorieusement la proposition de Rullus. — Il persuade aux enfants des Proscrits de renoncer à leurs droits. Il dénonce les projets de Catilina et l'oblige à se déclarer. — Catilina quitte Rome. — Dénonciation des Allobroges. — Cicéron fait mettre à mort cinq conjurés.	691		Mithridate enlève le Bosphore à Macharès, qui se tue. — Il veut porter la guerre en Italie. — Révolte de Pharnace. — *Mithridate se donne la mort.* — Pharnace se soumet aux Romains. Il reçoit le royaume du Bosphore.
62 — Le tribun Métellus Népos demande le rappel de Pompée. — Il est chassé de Rome. — *Pétréius défait et tue Catilina près de Pistoia.* — Clodius est surpris chez Pompéia, femme de César. — Retour de Pompée.	692	**Gaule.**	
61. — César s'associe à Clodius et à Crassus. — Cicéron dépose contre Clodius, qui est acquitté par des juges achetés.	693	Orgétorix, chef helvète, propose à ses compatriotes de quitter l'Helvétie. Il s'allie à Dumnorix, frère du chef des Eduens. Il meurt au milieu des préparatifs.	Pharnace assiége et prend Phanagorie.
60. — César, propréteur en Espagne, bat les Lusitaniens et les Gallaïques. Il revient avec le titre *d'impérator.* Le sénat refuse de ratifier les actes de Pompée et de donner les terres à ses vétérans. — Pompée forme avec César et Crassus le **Premier Triumvirat.**	694		
59. — **Consulat de César et de Calpurnius Bibulus.** — César s'attire la faveur du peuple par la loi agraire, et celle des chevaliers par la diminution d'un tiers dans les fermes d'Asie. — Il fait confirmer les actes de Pompée. — Loi sur l'administration des provinces. — Répression des concussionnaires. — Il obtient pour cinq ans le commandement des deux Gaules et de l'Illyrie.	695		
58. — Tribunat et lois de Clodius. — Caton est chargé de réduire Chypre en province. — Cicéron s'exile lui-même. — *César part pour les Gaules.* — Clodius, fier de ses succès, attaque César et Pompée.	696	César force les Helvètes à rentrer dans leur patrie. — Défaite d'Arioviste sur les bords du Rhin. — Soumission de la vallée de la Saône.	
57. — Pompée cesse de s'opposer au retour de Cicéron qui est rappelé après 17 mois d'absence. — Pompée est chargé de l'intendance des vivres pour cinq ans.	697	Les Belges prennent les armes. Il les défait ainsi que les Suessions, les Bellovaques, les Ambiens, les Nerviens, et les Atuatiques. — Le jeune Crassus parcourt le pays entre la Loire et la Seine.	
56. — Cicéron, soutenu par Milon, brise les tables de Clodius. — Entrevue de Pompée, de César et de Crassus à Lucques.	698	Soulèvement de l'Armorique. — Destruction de la flotte des Vénètes. — Labiénus défait les Aulerques, les Eburovices, les Lexoviens. — Crassus soumet l'Aquitaine.	
55. — Consulat de Pompée et de Crassus. — Crassus obtient le gouvernement de Syrie et Pompée celui d'Espagne pour cinq ans. — Le gouvernement de César est prolongé de cinq ans. — Crassus se rend en Syrie malgré les imprécations du tribun Ateius.	699	Les Usipiens et les Tenctères passent le Rhin. Ils sont défaits par César. — Il franchit le Rhin et bat les Ubiens. — Il descend en Bretagne. Son commandement est prorogé.	
54. — Gabinius est condamné à l'exil pour concussion. — Mort de Julie, fille de César et femme de Pompée.	700	Deuxième descente en Bretagne. Cassivelaunus se soumet à un tribut annuel. Mécontentement des Gaulois. — Soulèvement d'Ambiorix. Désastre de Sabinus. — Q. Cicéron est délivré par César.	
53. — Interrègne; les consuls n'entrent en charge qu'au septième mois.	701	Labiénus défait et tue le trévire Indutiomare. — Les Sénonais et les Carnutes se soumettent. — Destruction des Eburons. — Supplice d'Accon.	
52. — Nouvel interrègne. — Milon tue Clodius. — Pompée, consul sans collègue. — Milon s'exile à Marseille. — Pompée, au mois d'août prend pour collègue Q. Corn. Scipion Métellus dont il vient d'épouser la fille.	702	Soulèvement des Arvernes et du centre de la Gaule. L'activité de César déjoue les plans de Vercingetorix; prise d'Avaricum. — Echec devant Gergovie. — *Siége célèbre d'Alésia.* César reçoit la soumission de Vercingétorix.	
51. — César achète le tribun Curion et le consul Paullus, tous deux désignés. Cicéron, proconsul en Cilicie, y est salué impérator. — *Pison et Appius derniers censeurs.* — *Mort de Lucrèce, à l'âge de 44 ans.*	703	Les mouvements des Bituriges, des Carnutes et des Bellovaques sont réprimés. — Soulèvement dans le S.-O. — Châtiment terrible des défenseurs d'Uxellodunum. — L'année suivante est employée par César à pacifier les Gaules.	

	Cappadoce.	Bithynie.	Arménie	Syrie.	Parthes.	Egypte.	Histoire-Sainte.
75.		*Mort de Nicom. III.* Il lègue ses états aux Romains.					
74							
73							Alexandra accorde aux Sadducéens plusieurs forteresses.
72							Aristobule, fils d'Alexandra, s'efforce de gagner la faveur de l'armée.
71			Tigrane reçoit dans ses états Mithridate qui fuit devant Lucullus.				
70			Il prend Ptolémaïs et fait mourir Sélène qui tentait de faire revivre les prétentions de ses deux fils. — Il refuse de livrer Mithridate.		*Mort de Sinatrokès.* — **PHRAATE III.**		*Mort d'Alexandra.* — **HYRCAN II** est reconnu roi.
69			Tigrane abandonne la Syrie pour défendre l'Arménie contre les Romains. Il est battu. Prise de Tigranocerte.		Il s'allie d'abord avec Lucullus, mais bientôt il se contente de garder la neutralité.		Hyrcan, abandonné par ses soldats, cède le trône et la sacrificature à **ARISTOBULE.**
68			Seconde défaite de Tigrane. L'Arménie est occupée par Lucullus.	**ANTIOCHUS XIII**, secouru par Lucullus, est rétabli en Syrie.			
67			Prise de Nisibe. — Tigrane (le jeune), se révolte à l'instigation de Phraate. Battu par son père, il se réfugie chez les Romains.		Phraate soutient la révolte du jeune Tigrane.		
66.	— Abdication *d'Ariobarzane Ier.* — Pompée décide son fils, **ARIOBARZANE II**, Philopator, à monter sur le trône.		Tigrane se soumet à Pompée. — Pompée lui laisse la grande Arménie, la petite à Dejotarus, et la Sophène à Tigrane (le jeune).				
65			Pompée, instruit des complots de Tigrane (le fils), le fait emmener à Rome.		Il menace Pompée de la guerre, s'il franchit l'Euphrate.		Par les conseils d'Antipater, Hyrcan se réfugie auprès d'Arétas, roi de l'Arabie Pétrée. Arétas bat Aristobule ; il entre à Jérusalem et l'assiége dans le temple.
64			Tigrane est attaqué par Phraate III. — Pompée arrête leur lutte. Depuis ce temps, Tigrane reste fidèle allié des Romains.	Antiochus XIII est dépouillé de ses états par Pompée qui lui laisse la Comagène. Son frère Séleucus passe en Egypte. — La Syrie est réduite en prov. rom.	Phraate attaque Tigrane. La médiation de Pompée rétablit la paix entre les deux rivaux.		Scaurus, questeur de Pompée, entre en Judée; avec son secours Aristobule repousse Arétas.
63.	— Pompée ajoute à la Cappadoce la Sophène et la Gordyène.			Pompée cite devant lui, à Damas, Hyrcan et Aristobule. — Il laisse Æmilius Scaurus gouverneur en Syrie.			Pompée jette Aristobule en prison. — Hyrcan lui ouvre les portes de Jérusalem. Pompée assiége les partisans d'Aristobule dans le temple. Il y entre et pille les trésors. — Hyrcan est rétabli avec le titre d'Ethnarque. Aristobule est emmené à Rome avec ses deux fils. — Alexandre, l'un d'eux, s'échappe en chemin.
62							
61					*Mort de Phraate III,* assassiné par son fils. — **MITHRIDATE III**, son fils aîné.		Antipater secourt Æmilius Scaurus dans une guerre contre les Arabes.
60			*Mort de Tigrane II.* — **ARTAVASDE** ou **ARTABAZE** (son fils).				
59						**Aulétès** achète de César pour 6,000 talents l'alliance du peuple romain.	
58					Il est rappelé d'une invasion en Arménie par la révolte d'Orode, son frère. Il le défait et l'oblige à s'enfuir.	Son frère, le roi de Chypre, attaqué par Caton, se donne la mort. Aulétès, chassé de ses états se réfugie à Rome. — **BERENICE**, sa fille, lui succède et épouse Séleucus Cybiosactès.	
57				Gabinius, nommé gouverneur de Syrie par Clodius, bat Alexandre et abolit la royauté en Judée.	Mithridate III est chassé à cause de ses cruautés. — **ORODE Ier.** — Mithridate engage Gabinius à marcher contre Orode.		Retour d'Alexandre en Palestine. — Vaincu par Gabinius, il se soumet à un traité. — Gabinius confirme Hyrcan dans le pontificat et divise la Judée en 5 districts.
56				M. Antoine défait Aristobule qui s'était échappé de Rome. Il le fait prisonnier.	Au lieu de secourir Mithridate, Gabinius se rend en Egypte.	Bérénice fait étrangler Séleucus et épouse Archélaüs de Comane.	Aristobule, échappé de Rome avec son fils Antigone, reparaît en Judée. Ils sont battus par les lieutenants de Gabinius et conduits prisonniers à Rome. — Antigone est bientôt relâché.
55				Gabinius en Egypte. — Crassus lui enlève le gouvern. de la Syrie.	Mithridate, quoique privé du secours de Gabinius, s'empare de Babylone et de Séleucie.	Gabinius, sur la recommandation de Pompée, rétablit Aulétès sur le trône d'Egypte.	Gabinius passe en Egypte. — Pendant son absence, Alexandre reprend les armes. Gabinius accourt d'Egypte et le défait près du mont Thabor.
54				*Guerre contre les Parthes.* Crassus passe l'Euphrate et se fait nommer imperator.	Suréna, général d'Orode, parvient à le repousser.		Crassus, successeur de Gabinius, dépouille le temple de Jérusalem.
53.	— *Mort d'Ariobarzane II.* — **ARIOBARZANE III**, son fils.			Il pille le temple de Jérusalem. *Défaite de Crassus.* Mort de son fils. Crassus est tué dans une entrevue. Cassius Longinus ramène les troupes en Syrie d'où il repousse les Parthes.	Mithrid. est assiégé dans Babyl.. Orode le fait massacrer. — Suréna défait et tue Crassus. — Orode, jaloux de Suréna, le met à mort.		
52					Pacorus, fils d'Orode, envahit la Syrie. Il est chassé par Cassius.	*Mort d'Aulétès.* — **PT. XIII DYONISIUS.**	Cassius assiége et prend Tarichée qui avait pris parti pour Alexandre. Celui-ci demande et obtient la paix.
51.	— Cicéron chasse de Cappadoce le grand-prêtre de Bellone qui conspirait contre Ariobarzane III.			Bibulus se laisse assiéger par les Parthes dans Antioche. — Cicéron les repousse de la Cilicie.	Cassius poursuit les Parthes au-delà de l'Euphrate.		

RÉPUBLIQUE ROMAINE.	ANS de Rome.	PONT et BOSPHORE.
50. — Curion demande en vain que César et Pompée abdiquent en même temps. — Le consul Métellus charge Pompée du commandement des armées en Italie. — Curion s'enfuit auprès de César.	704	. . . .
49. — Fuite des tribuns Antoine et Cassius. — **César passe le Rubicon.** — Le sénat et Pompée abandonnent Rome. — Défection de Labiénus. Siége de Corfinium et de Brindes. Conquête de l'Italie et des îles en 60 jours. — César se rend en Espagne. — Siége de Marseille. — Curion tué en Afrique par Juba et Varus. — César force Afranius et Petréius à rendre les armes sans combat. Soumission de Marseille. Dictature de onze jours.	705	Profitant des guerres civiles de Rome, Pharnace envahit le P[illegible] Il est rappelé dans le Bosphore par la révolte d'Asandre.
48. — César passe en Epire; il assiége Pompée dans ses lignes. Repoussé, il se retire en Thessalie. Pompée le suit et livre la bataille de **Pharsale.** Vaincu, il fuit et trouve la mort devant Alexandrie. — Les chefs Pompéiens se retirent en Afrique. — Propositions démagogiques du préteur Cœlius; il est chassé de Rome par Antoine. — Mort de Cœlius et de Milon. César, absent, est nommé dictateur pour la seconde fois, consul pour 5 ans et tribun perpétuel.	706	Seconde invasion de Pharnace dans le Pont. Il défait Domi[illegible] Calvinus, général de César.
47. — Lutte entre Antoine et le tribun Dolabella. — Retour de César (sept). Il multiplie les charges, appelle dans le sénat des centurions, des soldats et même des Barbares. Il se désigne consul et se nomme dictateur. — Il réprime d'un mot la révolte de la 10me légion. — César part pour l'Afrique.	707	César défait Pharnace près de Zéla, occupe le Pont et donn[illegible] royaume du Bosphore à Mithridate de Pergame. — Phar[illegible] assiégé dans Sinope, capitule. Il s'enfuit dans le Bosphor[illegible] périt dans un combat livré à Asandre.
46. — **Victoire de César à Thapsus.** — Labiénus, Varus et Sextus Pompée gagnent l'Espagne. Mort de Mét. Scipion. Juba et Pétréius se donnent la mort. — *Caton (48 ans) se tue à Utique.* — César laisse Salluste en Afrique et retourne à Rome. Son triomphe. Sages réglements. — Réforme du calendrier, etc. — César passe en Espagne.	708	
45. — **Bataille de Munda;** Labiénus et Varus y périssent. — Cn. Pompée est égorgé dans sa fuite; son frère Sextus se cache dans les Pyrénées. **César déclaré Dictateur perpétuel.** Il compose le sénat de 900 membres.	709	
44. — César se prépare à marcher contre les Parthes. — **Il est assassiné dans le sénat aux Ides de Mars, à l'âge de 55 ans.** — Cicéron proclame inutilement l'amnistie. Le peuple, soulevé par Antoine, chasse les meurtriers de la ville. Octave arrive à Rome. — Antoine repousse le jeune César qui gagne le peuple et les vétérans. — Antoine se fait donner la Cisalpine occupée par Décimus Brutus. — Octave lève une armée. — Marcus Brutus se rend en Macédoine, Cassius en Syrie.	710	
43. — Décimus Brutus est assiégé dans Modène par Antoine. — Les consuls Hirtius et Pansa, unis à Octave, marchent contre Antoine. — Défaite d'Antoine. Mort des deux consuls. Union d'Antoine et de Lépide. Octave marche sur Rome. Il se fait nommer consul. — Décimus Brutus est tué. — **Second triumvirat.** Partage du monde romain. — **Proscriptions;** *mort de Cicéron.* Sextus Pompée s'empare de la Sicile. Entrevue de Cassius et de Brutus à Smyrne.	711	
42. — **Bataille de Philippes;** dans une première action, Cassius, croyant tout perdu, se fait donner la mort; dans une seconde, Brutus est défait et se tue. Leur flotte, sous la conduite de Domitius Ahenobarbus, se réunit à Sextus Pompée. — Octave revient en Italie, Antoine se rend en Orient.	712	Antoine donne une partie du royaume de Pont à Darius, fi[illegible] Pharnace.
41. — Embarras d'Octave. Intrigues de Fulvie. Plaintes des Italiens expropriés et des Vétérans. Octave prend les Vétérans pour juges et les rattache à sa cause. — Lucius Antonius s'empare de Rome. Chassé par Agrippa, il se réfugie à Pérouse. *Guerre de Pérouse.*	713	
40. — Lucius Antonius, assiégé dans Pérouse, se rend à Octave. Pérouse est pillée et incendiée. Fulvie meurt à Sicyone. — **Traité de Brindes.** — Nouveau partage. Antoine est chargé de l'Orient et de la guerre contre les Parthes; Octave de l'Occident et de la guerre contre Sextus. L'Afrique est laissée à Lépide. Antoine épouse Octavie.	714	*Labiénus, avec l'aide des Parthes, envahit l'Asie-Mineure. [illegible] échoue devant Laodicée qui est sauvée par le rhéteur Zé[illegible] Antoine donne à Polémon, fils de Zénon, la princip[illegible] d'Olba.*
39. — Entrevue de Sextus, d'Octave et d'Antoine. *Traité de Misène.* Antoine se rend à Athènes.	715	
38. — Octave répudie Scribonie et épouse Livie. Rupture d'Octave et de Sextus. — Sextus ravage les côtes de la Campanie. Il est trahi par Ménas qui livre à Octave la Corse et la Sardaigne. — Retour d'Agrippa, vainqueur des Germains.	716	
37. — Agrippa construit une flotte, crée le port Jules et se prépare à la guerre contre Sextus.	717	**Polémon** reçoit d'Antoine le titre de roi, et la partie orien[illegible] du royaume de Pont, appelé depuis Pont Polémoniaque.
36. — Octavie amène Antoine à Tarente auprès d'Octave; ils renouvellent leur alliance. Antoine part pour l'Asie. — Sextus défait à **Nauloque** se retire en Asie. Lépide s'empare de Messine et de la Sicile. — Octave gagne les troupes de Lépide qui est déposé et relégué en Campanie. — Statilius Taurus soumet l'Afrique à Octave.	718	Polémon Ier accompagne Antoine dans son expédition contr[illegible] Parthes. Il est pris par le roi des Mèdes et se rachète.
35. — Sextus tente de s'établir en Asie. Défait et pris par Titius, il est mis à mort à Milet. — Octavie est renvoyée en Italie.	719	
34. — Expéditions d'Octave contre les peuplades du N. de l'Italie et contre les pirates de l'Adriatique. Messala soumet les Salasses.	720	
33. — Édilité d'Agrippa. — Octave soumet les Dalmates révoltés.	721	Polémon négocie un traité entre Antoine et le roi des Mède[illegible] Antoine joint à ses états la petite Arménie.
32. — Octave et Antoine se préparent à la guerre.	722	Allié d'Antoine à Actium, il reçoit son pardon d'Octave.
31. — Le sénat déclare la guerre à Cléopâtre. — **Bataille d'Actium;** défaite d'Antoine qui se retire avec Cléopâtre en Egypte. — Mécène, préfet de Rome, met à mort le jeune Lépide accusé de conspiration.	723	
30. — Octave revient en Italie pour apaiser des troubles et retourne à la poursuite d'Antoine. Il donne le royaume de Mauritanie à Juba II.	724	
29. — Retour et triomphe d'Octave. — *Le temple de Janus est fermé.* — Mécène détermine Octave à garder le pouvoir. — Octave est nommé **Imperator.** — Il épure le sénat.	725	
28. — **Principat;** Octave est nommé prince du sénat. Il abolit les actes du triumvirat.	726	
27. — Il offre son abdication qui est refusée, et il n'accepte que pour dix ans la prolongation de ses pouvoirs. Il reçoit le nom **d'Auguste.** — Création des cohortes urbaines et prétoriennes. — Partage des provinces entre le sénat et Auguste. Il passe dans la Gaule qu'il divise en quatre gouvernemens.	727	
26. — Auguste est appelé en Espagne par la révolte des Cantabres, des Asturiens et des Lusitaniens.	728	Polémon est confirmé sur son trône par Auguste et reçoit le [illegible] d'ami du peuple romain. (*Voir la 1re col. de la page 87.*)

	CAPPADOCE.	ARMÉNIE.	SYRIE, PROV. ROM.	PARTHES.	EGYPTE.	HISTOIRE SAINTE.
50				Nouvelle invasion des Parthes en Syrie repoussée par Bibulus. Cicéron, proconsul, les repousse au-delà de l'Euphrate.	Cléopâtre, chassée d'Egypte par les ministres de son frère, se réfugie en Syrie.	
49				Les Parthes se déclarent pour Pompée contre César.		César envoie Aristobule en Judée. Les partisans de Pompée le font empoisonner. Alexandre est arrêté par Métellus Scipion qui lui fait trancher la tête dans Antioche.
48					Ptolémée fait assassiner Pompée. — César paraît en Egypte. — Il prend le parti de Cléopâtre contre son frère. — Révolte des Alexandrins. — *Ptolémée périt dans le combat.* César prend possession de la dictature à Alexandrie. Il quitte l'Egypte qu'il laisse à **CLÉOPATRE** et à son frère **PTOL. NEOTEROS.** Il marche contre Pharnace.	Antipater aide César dans son expédition d'Egypte.
47	— Ariobarz. dépouillé par Pharnace, est rétabli par César.		César donne le gouvernement de la Syrie à son parent Sextus César.			Hyrcan II obtient de César la permission de relever les fortifications de Jérusalem. Il abolit la constitution de Gabinius.
46			Sextus César est assassiné par Cæcilius Bassus, partisan de Pompée.			
45			Antistius, envoyé par César, fait la g. à Bassus.			Antipater donne le gouvernement de Jérusalem à son fils Phasael et celui de Galilée à Hérode, son second fils. — Hérode obtient le gouvernement de Cœlé-Syrie.
44			Cassius revient en Syrie. Dolabella se rend en Asie, et met à mort Trebonius.		Cléopâtre règne seule par la mort de son frère.	
43	— Il refuse de se joindre à Brutus et à Cassius. Ils le font prisonnier et le mettent à mort. — **ARIARATHE X**, Philadelphe, son frère.		Cassius venge Trebonius en réduisant Dolabella à se donner la mort dans Laodicée.			Antipater meurt empoisonné par son rival Malichus. — Hérode venge la mort de son père.
42			Après la journée de *Philippes*, Antoine s'empare de la Syrie.	Les Parthes, sollicités par le jeune Labiénus, se préparent à fournir des secours à Cassius et à Brutus.		Hérode défait Antigone qui avait repris les armes.
41			Il suit Cléopâtre en Egypte, et laisse comme gouverneur Décilius Saxa.		Cléopâtre, appelée à Tarse, emmène Antoine à Alexandrie. — *Vie inimitable.*	Antigone s'allie à Pacorus. — Hyrcan et Phasael sont arrêtés par trahison. — Hérode s'enfuit en Egypte.
40			Les Syriens irrités des exactions de Saxa, appellent les Parthes. Pacorus envahit la Syrie. Défaite de Saxa.	Pacorus, fils d'Orode, défait le gouverneur de Syrie et place Antigone sur le trône de Judée.	Antoine envoie Ventidius contre les Parthes et se rend en Italie.	Antigone est mis par les Parthes sur le trône de Jérusalem. — Phasael se tue. — Hyrcan est emmené chez les Parthes. — Le sénat couronne au capitole **HÉRODE**, roi de Judée.
39			Ventidius, vainqueur des Parthes, assiége Samosate. Antoine vient le remplacer. Le roi de Comagène achète sa retraite.	Ventidius défait l'armée de Pacorus qui périt dans le combat avec Labiénus.		Il s'empare de la Galilée, de la Samarie et de Joppé.
38						Battu devant Jéricho, il défait Antigone dans une grande bataille.
37			Retour d'Antoine en Syrie. Il donne plusieurs provinces à Cléopâtre.	Orode cède le trône à **PHRAATE IV**, son fils aîné. Il met à mort son père et 29 de ses frères.		Hérode, avec le secours de Sosius, assiége Jérusalem. — Il épouse Mariamne. — Prise de Jérusalem. — Supplice d'Antigone. — Hérode donne la sacrificature à Hananel.
36	— Marc-Antoine lui enlève sa couronne qu'il donne à **ARCHELAUS** de Comane. — Antoine fait mourir *Ariarathe X*.	Artavasde, allié d'Antoine dans la guerre contre les Parthes, l'abandonne. Cette trahison met l'armée en péril.	Marc Antoine, abandonné par Artavasde, est repoussé par les Parthes. Retraite glorieuse.	Antoine échoue dans son expédition contre les Parthes.	Cléopâtre empêche Antoine de retourner contre les Parthes et l'entraîne en Egypte.	Hyrcan II revient auprès d'Hérode. — Hérode remplace Hananel par Aristobule, frère de Mariamne. — Aristobule est étouffé dans un bain, et Hananel est rétabli.
35						Hérode se disculpe de ce crime devant Antoine. — Il fait mettre à mort son oncle Joseph.
34		Antoine surprend Artavasde et l'emmène en Egypte. — Son fils **ARTAXIAS II** est reconnu roi par les Arméniens.	Munatius Plancus remplace Sosius.	Phraate aide Artaxias II, fils d'Artavasde, à recouvrer le trône d'Arménie.	Antoine triomphe du roi d'Arménie. Il nomme Cléopâtre reine d'Egypte, de Chypre, d'Afrique et de Cœlé-Syrie et distribue des couronnes à ses enfans.	Il reçoit Cléopâtre à Jérusalem. — Guerre contre les Arabes.
33		Artaxias II dépouillé par Antoine s'enfuit chez les Parthes.				
32					Antoine arrive à Athènes avec Cléopâtre et répudie Octavie.	Victoire d'Hérode sur les Arabes. — Hyrcan II accusé de trahison par Hérode est mis à mort.
31	— Archélaüs prend part à la bataille d'Actium.	A son retour d'Actium, Cléopâtre fait trancher la tête à Artavasde.			Cléop. ramène en Egypte Antoine, vaincu à Actium.	Hérode comparaît à Rhodes devant Octave, qui le confirme dans son titre.
30			Gouvernement de Valérius Messala.	Phraate est chassé par Tiridate, prince du sang royal, et replacé par les Scythes. — Tiridate s'enfuit auprès des Romains.	Octave s'empare de Peluse et d'Alexandrie. — *Antoine et Cléopâtre se donnent la mort.* — Octave fait tuer Césarion et réduit l'Egypte en prov. romaine. — Corn. Gallus, premier gouverneur.	
29		Après la mort d'Antoine, Artaxias recouvre ses états.	Marcus Cicéron, fils de l'Orateur, succède à Messala.			
28						Il fait mourir Mariamne.
27				Tiridate renouvelle ses attaques contre Phraate, qui se retire encore chez les Scythes. Guerre longue et cruelle entre les deux rivaux.		Alexandra, mère de Mariamne, conspire contre Hérode. Elle est mise à mort.
26					Corn. Gallus est révoqué et remplacé par Petronius.	Pour flatter Auguste, il fait célébrer des Jeux à Jérusalem. Il relève Samarie sous le nom de Sébaste.

EMPIRE ROMAIN.	ANS de Rome.	ESPAGNE. — GAULE. — GERMANIE.
25. — Corn. Gallus, condamné à l'exil pour concussion, se donne la mort. — Mariage de Julie et de Marcellus. — Agrippa achève le Panthéon.	729	Les Asturiens et les Cantabres cèdent aux armes romaines après deux campagnes. Fondation des colonies Augusta Emerita et Cæsarea Augusta. — Répression des Salasses dans la Cisalpine. Fondation d'Augusta Prætoria.
24. — A son retour d'Espagne, Auguste refuse le triomphe. — Le temple de Janus est fermé pour la deuxième fois. — On accorde à Auguste une dispense générale des lois.	730	Nouvelle révolte des Cantabres réprimée.
23. — Maladie dangereuse d'Auguste. — Il est nommé tribun perpétuel. — Agrippa se rend en Syrie. — *Mort de Marcellus* (20 ans).	731	
22. — Auguste refuse la dictature. — Conspiration de Muréna et de Cæpion ; elle est découverte et punie. — Auguste passe en Sicile.	732	Nouveau soulèvement des Cantabres et des Asturiens. Ils sont défaits par Furnius.
21. — Auguste rappelle Agrippa et lui donne sa fille Julie. — Il visite la Grèce, révoque les privilèges des Athéniens qui avaient pris parti pour Antoine, et reste l'hiver à Samos.	733	
20. — Auguste passe en Asie. Il réunit la Phénicie à la Syrie. Phraate IV renvoie les aigles prises sur Crassus. — Auguste revient à Rome, envoie Tibère en Arménie et retourne à Samos où il reçoit les ambassades des Scythes, des Sarmates, des Indiens et de la reine d'Éthiopie. — Naissance de C. César, fils d'Agrippa et de Julie.	734	Les Daces et les Sarmates sont refoulés au-delà de l'Ister.
19. — Retour d'Auguste à Rome. — Il reçoit la préfecture des mœurs pour cinq ans, et la puissance consulaire à vie. — *Mort de Virgile à l'âge de 52 ans.*	735	Agrippa soumet définitivement les Cantabres.
18. — Agrippa de retour d'Espagne, refuse le triomphe. — Réorganisation du sénat. — Loi Julia contre le célibat. — Naissance de Lucius César.	736	
17. — Auguste adopte les deux fils d'Agrippa et de Julie. — Il fait célébrer les jeux séculaires.	737	**GUERRE DE GERMANIE.**
16. — Agrippa se rend en Syrie. — La défaite de Lollius en Germanie appelle Auguste dans les Gaules.	738	Les Sicambres pénètrent en Gaule. Auguste se contente de leur demander des ôtages. — Ses lieutenans répriment les incursions des Barbares le long du Danube.
15. — Auguste donne de sages lois à la Gaule; fondation d'Augustodunum.	739	Les Rhétiens et les Vindeliciens révoltés sont vaincus par Tibère et Drusus.
14	740	
13. — Agrippa revient à Rome, puis se rend en Pannonie. — Retour d'Auguste après une absence de trois ans. — Il fixe la retraite et la solde militaires. — A la mort de Lépide, il prend la charge de Grand-Pontife.	741	
12. — *Mort d'Agrippa.* — Auguste adopte Tibère et lui donne sa fille Julie. — Drusus fait la dédicace du temple élevé à Lyon en l'honneur d'Auguste.	742	Tibère défait les Pannoniens. — Drusus bat les Usipiens, les Sicambres et les Marcomans. Il pénètre le premier dans l'Océan germanique. Déf. des Bructères sur mer.
11. — *Mort d'Octavie, sœur d'Auguste.*	743	Drusus combat les mêmes peuples et s'avance jusqu'au Wéser.
10. — Paix générale. — Le temple de Janus est fermé pour la troisième fois.	744	Drusus défait les Cattes joints aux Sicambres.
9. — Edit de l'empereur Auguste ordonnant le dénombrement. — *Mort de Mécène.* — *Mort d'Horace, âgé de 57 ans.*	745	Nouvelle victoire sur les Cattes. — Drusus franchit le Wéser et ravage le pays jusqu'à l'Elbe. — Il meurt avant de repasser le Rhin.
8. — Auguste se rend dans les Gaules.	746	Tibère, continuant l'œuvre de Drusus, soumet les Sicambres et les Suèves.
7	747	
6. — Auguste nomme Tibère tribun pour 5 ans.	748	
5. — Mécontent des honneurs accordés à C. César, Tibère se retire à Rhodes. — C. César est décoré du titre de prince de la jeunesse.	749	
4. — Auguste partage le royaume d'Hérode entre ses trois fils.	750	
3	751	
2. — Auguste est salué *Père de la Patrie.* — C. César, accompagné de Lollius, part pour l'Orient. — Guerre d'Arménie. — Exil de Julie.	752	
1	753	

PROVINCES ROMAINES D'ASIE ET D'AFRIQUE.	PONT et BOSPH.	CAPPADOCE.	ARMÉNIE.	PARTHES.	HISTOIRE SAINTE.	
25. — La Galatie après la mort d'Amyntas est réduite en province romaine.					Hérode regagne la faveur du peuple par des distributions de blé. — Il agrandit et fortifie Césarée.	
24. — Ælius Gallus échoue en Arabie.				Tiridate, vaincu, se retire auprès d'Auguste.		
23. — Agrippa, nommé par Auguste gouverneur de Syrie s'arrête à Mitylène et gouverne sa province par ses lieutenans.					Il épouse Mariamne, fille du prêtre Simon. — Simon est nommé grand-prêtre à la place de Jésus, successeur de Hananel.	
22. — C. Petronius, gouverneur d'Egypte, oblige la reine d'Ethiopie à demander la paix.					Il envoie à Rome, auprès d'Auguste, Alexandre et Aristobule, fils de la première Mariamne.	
21						
20. — Auguste parcourt l'Asie mineure et la Syrie. Il organise les provinces orientales.		Archélaüs, qu'Auguste a laissé sur le trône de Cappadoce, aide Tibère à établir Tigrane III en Arménie.	*Artaxias* périt assassiné par ses parens. Tibère, par l'ordre d'Auguste, place **TIGRANE III**, frère cadet d'Artaxias sur le trône d'Arménie.	Phraate, effrayé de la présence d'Auguste en Syrie, rend les drapeaux et les prisonniers romains.	Auguste, en Syrie, accorde sa faveur à Hérode dont il agrandit les états. — Hérode lui élève un temple dans les environs de Panéas.	
19. — Balbus, gouverneur d'Afrique, triomphe des Garamantes.					Il entreprend la reconstruction du temple de Jérusalem.	
18						
17						
16. — Agrippa se rend dans sa province de Syrie.						
15. — Il reçoit à Jérusalem les hommages d'Hérode.					Inauguration du temple. — Voyage d'Hérode à Rome pour chercher ses fils. Il reçoit Agrippa à Jérusalem.	
14. — Il donne à Polémon le royaume du Bosphore.	Après la mort d'Asandre, **POLÉMON** est envoyé par Agrippa contre les Cimmériens. Il réunit le Bosph. au Pont.	Il donne sa fille Glaphyre à Alexandre, fils d'Hérode.			Hérode obtient la protection d'Agrippa pour les Juifs d'Ionie.	
13	Agrippa ajoute la Colchide aux états de Polémon.				Disgrâce des deux fils de Mariamne, calomniés par Salomé et Phéroras. — Hérode favorise Antipater, fils de sa première femme Doris.	
12. — Agrippa retourne à Rome. Il est remplacé par Saturninus et T. Volumnius.				Une entrevue avec le gouverneur de Syrie arrête la guerre entre les Romains et les Parthes.	Antipater accompagne Agrippa à Rome.	
11	*Polémon* est tué en Colchide. (Selon d'autres, il vécut jusqu'à l'an 1 de J.-C.). — **PYTHODORIS**, sa veuve.				Hérode conduit ses deux fils à Aquilée devant Auguste, qui les réconcilie avec leur père.	
10					Nouvelles intrigues à la cour d'Hérode.	
9	Pythodoris ép. Archélaüs, r. de Cappadoce. Quoique vivant à la cour de son mari, elle gouverne de loin son royaume.					
8					Archélaüs vient à Jérusalem et rétablit pour quelque temps la concorde dans la famille du roi de Judée.	
7						
6. — Saturninus et Volumnius jugent les fils d'Hérode accusés par leur père.			*Mort de Tigrane III.* — Son fils ne peut conserver sa couronne.		Les fils de Mariamne sont mis à mort. — Conspiration d'Antipater et de Phéroras.	*Annonciation.* — **NAISSANCE DE JÉSUS-CHRIST** à Bethléem.
5. — Quintilius Varus est envoyé en Syrie. Il condamne à mort Antipater.			Auguste donne l'Arménie à *Artavasde II.*		Phéroras tombe malade et meurt.	*Adoration des Mages. — Fuite en Egypte; massacre des Innocents.*
4		*(Appelé à Rome par Tibère, il y mourut l'an 17 après J.-C. — La Cappadoce fut alors réduite en province romaine).*			Antipater, condamné à mort, est exécuté. — *Mort d'Hérode* (70 ans). Archélaüs se rend à Rome. — **ARCHÉLAÜS** reçoit la Judée avec le titre d'Ethnarque, **HÉRODE ANTIPAS** la Galilée, et **PHILIPPE** l'Iturée.	*A la mort d'Hérode, Joseph et Marie reviennent d'Egypte et se retirent à Nazareth.*
3			Les Arméniens le chassent et appellent les Parthes.	Phraate excite la révolte des Arméniens.		
2. — Arrivée de C. César en Orient.			Abandonnés par les Parthes ils proclament Tigrane IV, fils de Tigrane III.	Il se retire devant l'armée romaine.		
1			C. César rétablit Artavasde II, qui meurt bientôt après.			**ÈRE CHRÉTIENNE** (date donnée par erreur à la naissance de J.-C.)

ERRATA :

PAGE 4. — Colonne de l'Histoire Sainte, à l'année 2281, *au lieu de :* Il défait, etc., *lisez :* Abraham défait les rois qui avaient envahi la Pentapole et délivre Loth.

PAGE 28. — Colonne de la Grèce, à l'année 735. Le combat entre les 300 Argiens et les 300 Spartiates, placé par quelques auteurs sous le roi Théopompe, appartient plus vraisemblablement à l'an 554.

Publications du même Auteur :

TABLEAUX GÉNÉALOGIQUES des familles les plus importantes de l'his[illegible]
disposés méthodiquement pour l'étude des Historiens et des Poètes.

1er Cahier. — HISTOIRE SAINTE (8 Tableaux) . . . . [illegible]

2me Cahier. — HISTOIRE GRECQUE, Temps Mythologiques, Héroïques et Historiques (23 Tableaux, plusieurs doubles) . . . . 1[illegible]

3me Cahier. — HISTOIRE ROMAINE (8 Tableaux) . . . . [illegible]

Sous presse :

TABLEAUX GÉNÉALOGIQUES des Races royales de France, d'Angleterre, etc.

Seconde partie des **SYNCHRONISMES CLASSIQUES** depuis l'Ère chrétienne jusqu'à nos jours.

Paris.—Typographie et Lithographie FÉLIX MALTESTE et Ce, rue des Deux-Portes-Saint-Sauveur, 22.

www.ingramcontent.com/pod-product-compliance
Ingram Content Group UK Ltd.
Pitfield, Milton Keynes, MK11 3LW, UK
UKHW031928260826
14628UKWH00003B/1482

9 782013 678308